メディア環境の近代化 災害写真を中心に

北原糸子

神奈川大学21世紀COE研究成果叢書
神奈川大学評論ブックレット 33 御茶の水書房

はじめに

二〇一一年三月一一日の東日本大震災を伝えるテレビでは津波襲来の生々しい様子が連日伝えられた。そうした映像のなかには個人がビデオで撮ったものも少なくなかった。津波が背後に迫るなか、高台に逃れつつ撮影したものなど、わたしたち観ている者も、思わず大丈夫か、頑張れと心のなかで叫んでしまうような緊張感を抱かせられる迫力のあるものも少なくなかった。新聞社などが空から黒い波が耕された田畑に侵入してくる凄まじい場面などもグラビア雑誌で伝えているが、個人個人が自らの災害体験を動画で撮影する時代になり、そうした映像を集め保存しようという動きもあると聞く。福島原発の事故現場はなかなか公開されることがなかったが、事故発生から八月を経て放射能汚染処理について目途が立ったとして、漸く新聞記者たちに公開された。その凄まじさは単に建屋の破壊というに留まらず、この事故がもたらした汚染処理のこの先の長い年月を象徴するような破壊のされ方に、言葉に表し様もないほどの衝撃を受けた。

東日本大震災はこれまでの自然災害とは異なり、原発の事故によって広がった放射能汚染がいかに深刻な問題をもたらすのかをわたしたちの眼の前に曝け出し、これまで無自覚に原発のもたらす恩恵だけを享受してきた生活に深い反省をもたらすものであった。その意味で、この災害は、わたしたちにいま現代文明の岐路に立っていることを自覚させたといえるだろう。

災害の記録が残されているということは後の時代の人間たちがその災害について知ろうとした時、必要な情報を探し出す手掛かりになる。このブックレットでは映像が災害を捉えはじめる時期、それらを駆使して災害を捉え、どのようにして社会に伝えようとしてきたのか、あるいは災害について知りたいという世間の欲求に応えようとしてきたのか、伝え手だけでなく、その受け手も含め、その時代の情報空間を考えてみようとするものである。

数知れないほどの自然災害を経験してきたわたしたちの社会は、災害を生き抜く知恵の蓄積もある社会だ。歴史を振り返るということは現今の災害にすぐに役立つような情報が得られるわけではないが、ひとまずは、過去の災害の歴史を振り返ることで災害の度ごとに多くの人の命が一瞬にして奪われて社会は対応に追われつつも、災害に関する情報空間を広げ、新しいメディアを社会に登場させてきたことがわかる。また、それを受け止め、人びとは戸惑いながらも生活を徐々に回復させ、多くの困難に打ち克ってきた。それらの事実を見直すことからまずははじめてみよう。

二〇一一年一二月

第一部　メディア環境の近代化——災害写真とその周辺

序章　明治中期の災害写真――国民国家への道筋

はじめに

近世中後期には、地域を襲う大災害が各地で発生した。生活に大きな打撃を与える自然災害については、領主や代官へ被害を報告する必要から、村々には公的記録が残る。特徴的なことは、それに加えて、個人の体験を記したものが多いことである。特に幕末一八四〇年代後半から五〇年代前半に懸けて、大災害が頻発した時期には飛躍的に記録量が増えた。しかしながら、維新後、明治政府にとっては極めて幸運なことであったに違いないが、政権の基礎が固まり、太政官制から内閣制度への転換が図られた一八八〇年代の後半に至るまで、大きな災害は発生していない。この間、大災害に襲われなかったということも要因のひとつではあったが、幕末期と明治中期に限った場合でも、災害記録のあり方が大いに異なる。その中でも顕著なことは、個人の災害記録は江戸時代の場合よりは極端に少なくなる。

なぜ、災害記録は近代に入ると少なくなるのであろうか。

写真や新聞などのメディアは、もちろん江戸時代の災害記録に登場することはない。江戸時代のプレ新聞メディアといわれるかわら版などを別にすれば、自らが書かねば情報が伝わらない江戸時代と、機械によって大量生産される画一的、即時的な記録を目にすることができる近代では、災害を記録することの意味が変わってくるのは当然である。

江戸時代の膨大な災害資料分析の手掛かりを掴む手始めの作業として、まず災害絵図を中心に、それらが作られ、活用された目的、作成者、活用者などを基準に、資料分類の目安をたてたことがある（拙稿『近世災害情報論』）。領主あるいは今日でいうところの行政官庁の役人層、町あるいは村役人など最末端の行政担当者、文筆人層、災害情報をかわら版などに仕たてて売り出す出版業者の四分類として、自然災害記録の一応の目安を立てた。また、上記の分類のうち、四番目にあたる災害ものの出版物についても、善光寺地震（一八四七年）を例に、災害絵図の作成、印刷、販売ルートなどを、実際の資料に基づいて考察したことがある。しかしながら、ここで得られた近世の自然災害に関する資料分類が近代においては、ほとんど有効性をもたない。

旧来の媒体に慣れ親しんだ人々がいて、かつ新しいメディアが登場する移行期の諸相については、一八八八年の磐梯山噴火を事例に考察した（拙著『磐梯山噴火―災異から災害の科学へ―』）。ここで、近世と近代を分ける災害メディアの一つの指標となるのは写真だということがわかった。

磐梯山噴火の三年後に発生した濃尾地震は、内陸地震としては最大級のマグニチュード8という大災害であった。死者七〇〇〇人以上の犠牲者を出し、また、建設途上の鉄道、レンガ造りの公共建築などが破壊された。そのため、この災害の惨状を写し出した写真は飛躍的に増大した。また、災害科学への国家としての本格的取り組みが始められた。震災予防調査会の設置である。災害への国家的対応が法律で定まるのはこの震災を経て以降である。現在、濃尾地震に関する地震学研究は完成の域に達したといわれているが、社会的歴史的研究分野では、この災害の全体を捉えるところまで研究が進んでいない。そこで、本書では、まず、近代日本を襲った災害を通して、どのような形で災害写真が社会に受け容れられ、メディアとして定着して行くのかをみて行くことにしよう。

第一節　写真登場のメディア環境

幕末期と明治中期の災害記録の残され方に見られる変化については、個人記録の量的な減少という側面だけではない。まず必要なことは、この転換期のメディア全体の推移をみてこの問題を位置づけることだ。

災害現場を捉えた写真を軸に、ここでは、写真の登場とそれがもたらすメディアの多様化を考えてみよう。写真術導入の流れについては、幕末期、長崎を経由したオランダ・上野彦馬系（小沢健志「『撮影術』」復刻版『舎密局必携』解説編）、下田から入ったアメリカ・下岡蓮杖系（山口才一郎「下岡蓮杖の写真事歴」青木茂・酒井忠康編『日本近代思想大系　美術』、斉藤多喜男『幕末明治　横浜写真館物語』）、それに明治初年、函館経由でロシア系の写真術が横山松三郎（亀井至一「横山松三郎の履歴」青木・酒井編『日本近代思想大系　美術』）・田本研造（田中雅夫『写真一三〇年史』ダヴィッド社）らを軸に入ってくる流れがあるとされている。

そして、また、写真技術の面からも、渡来当初、下田の玉泉寺でブラウン・ジュニアが川路聖謨を撮ったという銀板ダゲレオタイプから、次いでコロジオン液の塗布や露光に時間を要した湿版ガラス、継いで露光時間が短縮され、撮影の利便性が一挙に増した乾板ガラスへと、わずか一〇年ほどの間に、写真技法が急速に進化したという（東京国立文化財研究所美術部編『明治美術基礎資料集』内国勧業博覧会・内国絵画共進会）。当然のことながら、写真機材一式の軽量化、簡素化、感光時間の短縮などが作用して、写真技術が一般に普及、東京や横浜などの人口集中する、いわゆる文明化先端都市はもちろんのこと、旧藩時代の城下の系譜を引く地方の中心都市にも営業写真家が輩出することになる。

こうした変化の推移をある程度捉えることができるものとして、一八八〇年代以前営業活動をしていた写真の全国分布を示そう。一八七七（明治一〇）年の第一回内国勧業博覧会出品の写真師の営業地、開業年をみれば、すでにこの段階で、全国に多数の営業写真師が存在したことが知れるのである（表1・第一回出品者）。

第一回内国博覧会は、政府が国内産業の育成、興隆を目指して開催され、鉱業冶金、製造物、機械、農業、園芸に美術部門も加わり、上野公園内にそれぞれの部門の六会場が設けられ、開催された。写真はこのうちの第三区美術館の第四類写真（写真術）部門に出品された。この時の出品目録によれば、出品者は四七名、東京がそのうちの約四割弱を占めるが、地方に分布する写真作品出品

表１　第一回・二回内国勧業博覧会写真出品者一覧

	第一回		第二回
営業地	写真師	開業年	写真師
岩手県	1	1873	
宮城県	2	1875	1
新潟県	1		
茨城県	1	1876	
石川県	2	1868、1871	
東京	19	1847、1869 ～ 1876	15
神奈川県	3	1874	
千葉県	2		
静岡県	4	1870 ～ 1874	2
愛知県	2	1876	1
三重県	1	1876	
和歌山県	1		1
京都	3		1
大阪	1		
兵庫県	1	1870	
広島県	2	1868	2
長崎県	1	1861 ～ 1863	
岐阜県			1
長野県			2
山口県			1
計	47		27

者を多数確認できる。幕末の開業年を掲げる内田九一の弟子や長崎の上野彦馬も出品した。出品作品は、紙焼写真が大半を占め、ついで絹地に写真を写したものも多い。こうしたものが、今日わたしたちが写真と考えているものと同一かどうか、現物を見ることが出来ない現在、確かめられないが、写真絵と称される写真を手描きで写し、色付けされたものも含まれていた可能性が極めて高い。しかし、ともかく、ここで文明化の象徴としての「写真」

として、出品されていた事実に注目しておくことにしたい。写されている、あるいは描かれている対象の多くは、富士山、神社などの従来からの名所されている風景や、人物写真である。この出品作品の摘記などのほか、第一回内国博覧会の写真部門では、誰について指導されたのか、その師匠の名も記されている。これを通して、すでに写真師の世代は、初代ではなく、第二世代になっていることが明らかになる。出品すること自体が栄誉を担うものであったことを考慮すれば、彼らを取り巻く仕事の周辺には、師匠に抱えられた多数の弟子たちが広く存在したことが想定される。

第二回内国博覧会での写真出品について、出品目録上からは多少の変化を看取できる。第二回博覧会は同じく上野公園を会場として、建物が作られ、出品や府県に応じて陳列され、一八八一（明治一四）年三月一日から六月三〇日まで開かれた。第二回の場合、美術は洋画系が否定され、日本の伝統美術に軸足を置いたものになったことは有名な事実であるが（岡畏三郎「内国勧業博覧会沿革」『明治美術基礎資料集』内国勧業博覧会）、写真はその美術部門第三区ではなく、第二区の製造品に属することになった。

第二区一九類に分割された出品枠のうち、写真は第一四類の印刷物などを含む出品部門に陳列された。東京府の印刷関係の出品作品のなかでは、新聞紙が圧倒的に多いが、大蔵省地理局からは地図、他府県でも、山口県庁からは教育統計表、栃木県庁からは物産表などが出品されている。

この時の出品目録による各県ごとの写真出品者数を表1の第二回の欄に示した。第一回の四七人から二七人へと減少している。相変わらず、東京府の占める割合は半数に近い。第一回に出品した写真業者で登場していない者が多いが、これは写真業者が減少したということではなく、むしろ、写真がより一般化し、珍しい技ではなくなりつつあると考えてよさそうである。というのは、第一回のように、出品作品が、単に写真術としての写真を出品するというものではなくなり、舶来西洋紙に彩色を施したもの、写真石版として写真を応用されたもの、宮家の肖像写真など、技巧性に富み、また話題性に富んだものへと進化していることが看取できるからである。

また、京都府の出品者は三井高福、すなわち、三井本家の当主である。こうした高級趣味を楽しむ写真愛好家が上流社会のなかに形成され、社会にその成果を公表するようになったことは、社会的浸透の度合いを推し量るひとつの指標ともなる。要するに、高級趣味と営業写真師の一般化という二極化傾向がすでに出てきていると見ることもできる。

宮城県の遠藤陸郎は、福島県から依頼された磐梯山噴火での災害写真を多く残す写真師だが、第二回博覧会ではじめてその名を見せる。しかし、ここに登場しないが、磐梯山噴火写真では、逸早く噴煙収まらない噴火当日の写真を撮影した会津若松の岩田善平（千世まゆ子『百年前の報道カメラマン』）などがいるところから、明治一〇年代半ばには、写真師がもはや社会的に珍しい存在ではなくなっていたと捉えてよいのではないかと推定される。

写真の社会的受容度が推し量れる、さらにもうひとつの指標は、写真雑誌の登場である。一八七六（明治九）年、『写真新文』が写真雑誌の始まりとして刊行されたということであるが、実物を確認していない。次いで『写真雑誌』が一八八〇（明治一三）年四月に創刊された。この内容は写真板に塗布するコロジオン液の製法など、写真製作技法についての紹介記事で埋め尽くされている。発行者は光陰社深沢要橘（湯島一丁目一四番地）で、代金は一冊金五銭であった。わたしが注目したいのは、創刊号の裏表紙に掲載された六箇所の売捌所が、写真画問屋は当然としても、洋薬屋、石版画製造、新聞売捌所であることである。写真溶液を取扱う洋薬屋を除けば、以下の章で検討する写真とともに登場する石版画、それに新聞などの新しいメディアの担い手が写真を取り巻く社会環境として形成されつつあったことがわかる。

東京新橋竹川町写真画問屋楠山秀太郎
同本町一丁目洋薬舗中田清次郎、
同本町二丁目洋薬舗浅沼藤吉、
尾州名古屋本町二丁目石版舎、
讃州丸亀通諸新聞売捌所日新分社、
大阪心斎橋通り道修町諸新聞売捌所三益社
（下線…引用者）

また、創刊号から一ヶ月を経て発行されたと推定される二号（明治一三年五月）では、上記の六箇所に加えて、東京、大阪、京都の大都市ではあるものの売捌所が一二箇所増える。この雑誌は七号（明治一四年）で、廃刊となる。

ついで、一八八二（明治一五）年九月『写真新報』が登場する。発行元は朝陽社、写真師二見朝隅（京橋区銀座二丁目一〇番地）で、定価一五銭（一一号より定価一〇銭となる）である。二見は、先の第一回内国勧業博覧会の出品者でもあった。この裏表紙に見える売捌所は一二箇所、上海の岸田吟香を別にしても、全国に分布していることがわかる。

清国上海河南路写真器機械品売捌所岸田吟香、
横浜弁天通一丁目二番地写真問屋玉真堂、
西京松原通柳馬場写真問屋桑田庄三郎、
大阪心斎橋油安堂寺町鴻野多平、
同平野町三丁目五四番地洋薬問屋大井朴新、
神戸港元町六丁目石版画売捌所平村徳兵衛、
尾州名古屋本町二丁目石版舍、
山口県山口通場門前町石版画諸売薬大取次所安部半助、
福岡県下福岡簀子町江藤正木、
長野県松本北深志町写真師三木与一郎、山形県下酒田内匠町白崎民治、
山形県七日町写真師菊地新学

雑誌の内容は、前『写真雑誌』と同じく、写真製法に関する記事が中心であるが、広告欄が多少充実して、当時の写真製法に必要な鶏卵紙やガラス板の輸入取扱いが盛り込まれている。この期間に、確実に写真に対する関心と需要が全国的に展開したことが窺える。しかし、雑誌の改廃も速い。一八八四（明治一七）年七月三一日の一八号を以って廃刊となる。

そして、一八八九（明治二二）年四月、日本写真会が結成され、『写真新報』の誌名を引き継ぐものの、内容も陣容も新たな装いで博文堂より出版された。アメリカ留学から還った小川一真（京橋区三十間堀二丁目一番地）が編集発行人となる。

日本写真会の会員名簿によれば（一八九〇（明治二三）年会報告）、会長榎本武揚子爵、副会長にはビグロー博士、菊池大麓理学博士（帝国大学教授・貴族院議員）、岡部長職子爵、渡辺洪基（初代帝国大学総長）、会の役員、委員には小川一真や鹿島政之助、それにバルトンなどの外国人も六人加わる。貴紳顕官を交えた高級趣味同人の趣である。会員総数は一八九〇（明治二三）年九八人を数え、半数以上がミルン（帝国大学工科大学教師）やバルトン（帝国大学工科大学）を含む外国人だが、工科大学、理科大学所属のお雇い外国人教師や日本人教授六人が会員登録している。このうちには、一八九一年の濃尾地震で地上に現れた縦六メートル、横二メートルの大断層を研究紀要に掲載した小藤文次郎（帝国大学理科大学教授）の名前も確認できる。この雑誌の記事には多くの欧米での写真技術に関する記事が翻訳して紹介されるほか、「学術上の研究に写真術の利用」（理学士中沢太一、『写真新報』一二号）と題する論文も掲載されている。日本写真会の目的とするところは

素人ノ裨益ヲ謀リ写真術ノ進歩ヲ広ク世間ニ普及セシメントスル同時ニ実業者シテ学術的並ニ美術的ノ眼ヲ取ラシメ以テ機械的ニ手術ヲ施セシモノノ注意ヲ惹キ起サントスルニアリ

と謳われ、単なる写真技術の向上ではなく、学術利用を目的とすることが会設立の大なる目的とさ

れるに至った。写真利用の新しいあり方が宣言されたのである。貴紳顕官を集めた表看板に、学術利用を狙う学者と、新しい趣向を目論む一流写真師も加わった組織の存在は単なる趣味の世界を超えて、社会的効用度への期待が籠められている。災害写真の登場は、単なる趣味やもの珍しさだけの問題ではもはやなくなったのである。こうした社会的条件が前提となって、同時代の災害の頻発に呼応して災害写真が登場することになるのである。

第二節　災害写真の歴史を繙く前に

これまでのところで、いわば災害写真前史とでもいうべき領域を簡単にみてきた。さて、ここからは、災害現場が写真で捉えられてメディアに登場する時期を中心に考えることにしたい。災害写真はこれまでの日本写真史のなかで本格的には論じられたことは少なかった。漸く最近になって写真史、あるいはその代替メディアとしての石版画などについていくつかの研究が出されてきた。一九世紀後半、つまり、写真が日本社会のなかで漸く根付き始める明治中期、特に明治二〇年代には多くの大災害が発生して、写真が災害メディアのなかで大きな役割を演じた。しかし、これまで、そのことを取り上げる研究はわずかであった。

なぜ、そうであったのかを考えると、つぎのようなことが考えられる。まず、この時期の写真そのものが少なく、保存状態の良好なものが残されていることが少ない、つまり、対象とする資料が少ないということがある。二番目には、写真の技術的革新が次々と行われ、その導入を競い合った成果として、写真とそれをめぐる人物についての関心から論じられることが多く、しかも、芸術としての写真という視点から論じられることが多く、災害写真という報道性の高いものにはあまり関心が払われてこなかった（飯沢耕太郎『増補都市の視線—日本の写真一九二〇—三〇年代』）。したがって、災害現場を対象とした写真は、日露戦争のような戦争ジャーナリズムが登場してくるまでは、大きくクローズアップされることがなかったことによると考えられる。

しかしながら、ここ一、二年の間に、磐梯山噴火、その三年後の大災害であった濃尾地震（一八九一年）、明治東京地震（一八九四年）の災害写真を対象としたいくつかの論考が表された。それらを列挙すると以下のようになる。なお、庄内地震（一八九四年）については、次章で考察するので、既存論文の紹介をここでは省くことにした。

大迫正弘・佐藤公・細馬宏通「磐梯山噴火の幻燈写真」*Bulletin of National Science Museum. Series E, Physical science & engineering, 26*　二〇〇三
大迫正弘・金子隆一「一八九四年の東京地震の写真資料」*Bulletin of National Science Museum. Series E, Physical science & engineering, 27*　二〇〇四
小沢健志編『写真で見る関東大震災』ちくま文庫、二〇〇三年
遠藤正治他「濃尾震災の写真—日下部金兵衛のアルバムを中心に—」『日本写真芸術学会誌』

一三巻二号、二〇〇四年

金子隆一「一八八〇年代における日本の写真状況と磐梯山噴火写真」中央防災会議災害教訓の継承に関する専門調査会報告書『一八八八　磐梯山噴火』二〇〇五年

上記の研究が進められ、成果が発表されるようになった契機は、古写真についての関心が近年高まったことなどの条件はあるものの、東京国立科学博物館に蔵されている災害写真の整理、分析が進められ、日本の災害科学においても写真の占める位置づけに関心が高まる傾向が出てきたこともこの時期の写真史研究を触発する要因のひとつになった。

第三節　明治中期の災害と国民国家化

では、本論に入る前に、とりあえず、明治中期の災害写真を近代日本の歴史のなかに跡付けることにどのような意味があるのかを考えておきたい。写真史を専門とする立場ではない視点から見通せるものは、この時期のメディアのなかの写真の位置づけである。

災害は、現代でもそうだが、人々の関心が高く、速報力を売り物とする新聞の記事としての位置づけは大きい。そのため、現地へ記者を派遣し、現地の情報を収集し、記事として電信で送ってくるという新聞のスタイルが早くから定着した。また、写真師が災害現地の行政機関から依頼されて災害現場を撮影する、それらを増刷して、中央に限らず地方都市でも販売するなど、写真という新しいメディアが与えた衝撃は大きかった。そうした具体的な事実を述べることも意義はあるが、それだけではなく、災害という出来事に人々が惹き付けられ、起きた事柄を知り、被災の現実が突きつける悲惨さが呼び起こす感情を共有するための社会的装置が前時代と比べ、格段に広がりをみせたという背景があることに注意してみよう。また、なによりも興味深いのは、この時期、社会的に関心を呼ぶ災害ごとに最新の技術を駆使したメディアが登場し、人々の関心を高め、それがつぎつぎと一般に普及する筋道を辿った点も興味深い。

この時期の歴史を総体としてみると、歴史学の領域では定説となった国民国家論に重なる。すでに、国民国家とは、殖産興業の一定の進行、流通網の拡大、議会制度による政治参加、高等教育機関、新聞の普及、国家的要請に基づく科学技術の導入など、およそ近代化を象徴する社会機構がほぼ形成され、それらを軸に新しい社会的胎動が起きた社会現象をいう（西川和夫・松宮秀治編『幕末・明治期の国民国家形成と文化変容』）。そうした視点から、この時期の社会現象を注視すると、まさに国民国家化が進行していたことを確認できるのである。つまり、それほどに見事にこの時期の日本においては、国家が志向する国民の育成に向けての政策が着々と進展していたということができる。新聞が募集する災害義捐金への社会各層の応募などからみても、このことは例外ではない。

しかし、そのことを確認するためだけの目的で、本書があるわけではない。過去の災害史から浮かび上がる写真師の活躍、これに対する既存メディアの巻き返し、メディアの自己規制、さらには、個人の責任にすべてが帰せられない災害からの復旧、復興へ向けての社会的課題など、単なる過去の個別的な事例にとどまらない現代に通ずる普遍的問題を導き出すことはできる。そのことを摘出することで、この時期の国民国家化の一指標としての歴史論に収斂しない災害写真のメディア論としての新しい論点も提示したいと思っている。

第二章　大阪府『洪水志』にみる石版画

第一節　一八八五年大阪洪水

一八八五（明治一八）年の大阪洪水は、大阪市中を貫流する淀川が長雨による水量の増大に耐え切れず、上流部で決壊し、流域の町村を含め、甚大な被害をもたらした災害であった。淀川の流域面積は八、二五九㎢、主たる水源は琵琶湖水であるが、宇治川、木津川、それに京都からの桂川を合流して淀川となり、大阪湾に注ぐ。大阪洪水と称されるこの大洪水は、一八八五（明治一八）年六月中旬より降り続いた雨によって、一七日淀川の沿岸枚方の堤防が決壊、交野、茨多両郡の村落田畑に浸水した。なお、降り続く雨によって、六月二九日には若江、渋川、河内郡、及び摂津東成郡、大阪市内に溢流した。上流宇治川・桂川・加茂川の増水は下流の大阪市内に溢れ、材木その他の流出物が市内各所の橋を破壊、交通途絶して、大阪の中心地中ノ島などが孤立するという事態に至った。この水害の被害は、周辺河川の被害も含め、浸水町村九九七村、流失反別一五、二六九町歩、流失一、六三一戸、損壊一四、二六〇戸、死者五四名、行方不明者二四人、流失橋梁三一、決壊堤防二一二箇所、五、八五三間に及んだという（淀川工事事務所『明治十八年淀川の大洪水』）。

殖産興業を掲げる明治政府にとって大阪築港は内務省土木局が担う最優先の課題のひとつであった。しかしながら、江戸時代以来堆積する泥砂による河床の上昇によって、近代船舶の入港に支障をきたすほどに機能低下した大阪を近代的港として機能させる国家プロジェクトの築港問題は、まずは、この段階では河川改修からはじめなければならなかった。このため、お雇外国人を干拓の技術を蓄えてきたオランダから雇い入れ、近代河川改修計画に当たらせていた矢先、この大阪洪水が起きたのである（上林好之『日本の川を蘇らせた技師デ・レーケ』）。

第二節　写真帖と写真画

一八八五年の大阪洪水復旧工事は単なる堤防切所を補修するだけの工事では終わらない大規模な改修を含むものとならざるを得ない。大阪府は洪水への対応が一応の終息をみた一年後には、この災害についての行政関係の記録をまとめ、洪水の翌年一八八六年『洪水志』として発刊した。この巻末には当時一般に写真画と称された石版画を一四枚を挿入した。また、作成はわからないものの、災害当時の紙焼写真を一帖にしたものも残されている。災害の現場を写真帖に仕立てられたものが残る極めて初期の事例と考えられる。写真画と称せられた前掲『洪水志』収録の石版画には、この写真帖に収録された紙焼写真を石版画に仕立てたものは見当たらないが、写真と石版画が同一の場所を対象としたものとしては、天満橋および難波橋の落橋を挙げることができる（写真参照、二点、図1（写真）「難波橋流失後仮船橋之図」、図2（石版画）「難波橋落跡船橋ノ図」）。写真帖の紙焼き写真は、撮影の期日と場所が写真の枠のなかに張り込まれて、撮影日が確認できる。一方、『洪水志』の石版画は場所を示すが期日は記されていない。むしろ、撮影期日などが記される性質のものではなかったからであろう。というのは、写真帖は災害現場を写したものであり、撮影された期日には災害状況が確実に存在していた。これに対して『洪水志』収録の石版画一四枚のうちの五点は、修築準備の図という説明書きもあるように、災害発生時あるいは災害状況がそのまま残されている状態ではなく、復旧工事が進んだ状況を描くための目的で作られた。したがって、『洪水志』発刊の意図は、災害復旧が進行していることを明確に記録、世に周知させておくことにあったことが読み取れる。たとえば、「御殿山土取場ノ図」（図3）、あるいは「枚方決壊所新堤修築ノ図」（図4）などをみれば、この図を収録することで、災害からの復旧工事が着実に進んでいることを表そうとしていることは明らかである。

これはまた、『洪水志』編纂のなかで、なぜ復旧工事に焦点が当てられる必要があったのかということに繋がる。この時期、淀川は、積年の洪水被害を喰い止めるために、オランダから技術者を招き、近代技術による河川改修が企てられる途上の洪水被害であった。しかしながら、この大水害は、オランダ流の船運を目論む低水工事に対して、洪水防止の高水工事を基本とする堤防強化の河川改修を突きつけるものであったといわれている（上林前掲書、服部敬『近代地方政治と水利土

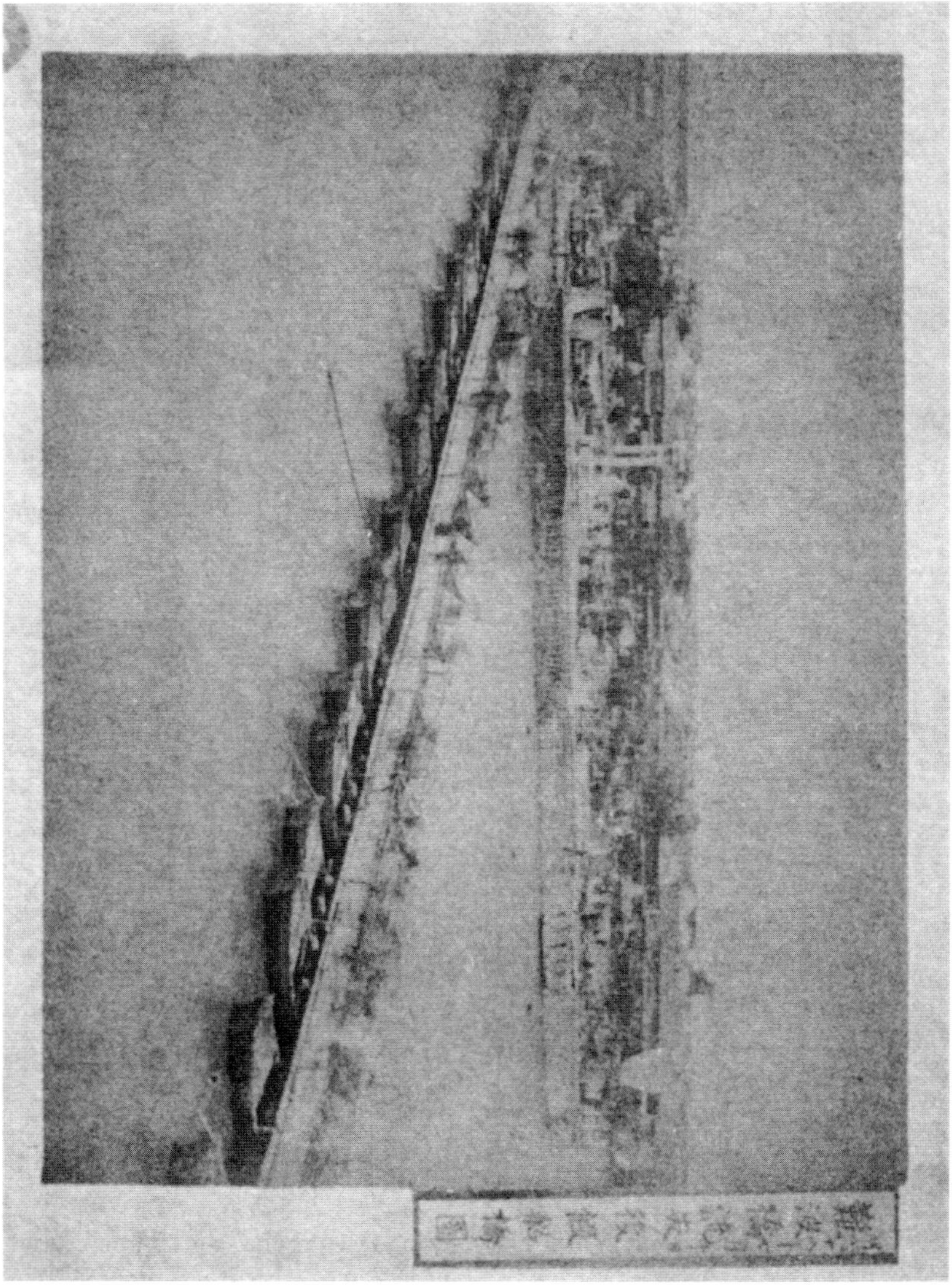

図1　大阪洪水「写真帖」所収の一枚「明治十八年七月十日難波橋流失後仮船橋之図」（大阪歴史博物館蔵）

図2　大阪府編『洪水志』折込図版（石版画）「難波橋落跡船橋ノ図」（大阪歴史博物館蔵）

図3　大阪府編『洪水志』折込図版（石版画）「御殿山土取場ノ図」（大阪歴史博物館蔵）

図４　大阪府編『洪水志』折込図版（石版画）「枚方決壊所新堤修築ノ図」（大阪歴史博物館蔵）

木』、土木学会『古市公威とその時代』)。当然、大阪築港を目指して進められてきた政府の淀川改修路線は反省を迫られる。こうした政治的背景があったため、松方正義大蔵卿、伊藤博文内務卿、三島通庸土木局長など政府中枢が洪水現地を訪れ、洪水の実際を見聞するなど、これまで投資した河川改修費の政治責任と絡み、政府の支援体制は本格的であった。大阪川口外国人居留地に居留者三一人を避難させるなどについてもかなりの頁を割いている。河川改修に関わる外国人への配慮も含め、この洪水による被害の復旧に決着を付け、新たな河川改修への早急な着手を促す意味でも、災害の終焉を内外に明らかにしておく必要があったと思われる。災害の翌年に編纂を終了し、一八八七（明治二〇）年に発刊された大阪府編纂の『洪水志』はその役目を担うものとされたのである。

ここには、災害の発生状況と大阪府の対応、中央政府への報告と指令の電信文の収録などを詳細に綴る本文一三八頁、巻末の災害表六一頁、付録として大阪府以外の大和川など諸河川の災害景況四九頁、そしてかなり高度の技術を持った画家によって描かれたと推定される（増野恵子氏のご教示による）石版画一四葉が収録される大部の報告書が出来上がった。したがって、これは、大阪府民に向けて発刊されたものではない。政府への災害報告、復旧報告の記念誌とすべき行政報告と位置づけられる。

第三節　既存メディアの対応——かわら版、新聞付録

ここで、その他の民間に流布する洪水図のタイプを一覧して、その比較をしておく。民間に流布した旧来からのかわら版スタイルの洪水図を挙げておこう。鮮やかな赤を使ったもの（図5　地震研蔵大阪洪水かわら版）。『朝日新聞』一九七八号（明治一八年九月二〇日、当時は大阪朝日のみ）付録として、銅版画に浸水範囲の水色を配したものを発行している（図6）。このほか、「澱川流域水害図」（大阪市史編纂所蔵）など、中央に大阪洪水の被害図、『洪水志』の付録石版画を周辺に配した大判の石版印刷で、当時の最先端技術と災害情報を盛り込んだものといえる。洪水の被害概要表、実測水量（尺単位）などを取り込み、かわら版類に比べ、情報の精度も高いものとなっている。

写真そのものが高価で普及度も低い段階では、写真の代替として、廉価に印刷できる石版画が登場するが、大阪洪水は萌芽的状況を示すものである。しかし、すでにみたように、どのような媒体によるかによって、盛り込まれる情報内容に差異が出てくる。かわら版の内容は情報の精度を問題とせず、もっぱら被害の大きさを強調するものが多い。被害の概要を数表を使って明示する銅版画の新聞付録は正確さを売りとする。それぞれが想定する受け手に向けてメッセージの内容が規定されるのである。

図5「大洪水細見之図」大阪南区順慶町一丁目十五番地寄留　京都府士族・編輯兼出版人、黒田一知（東大地震研究所所蔵）

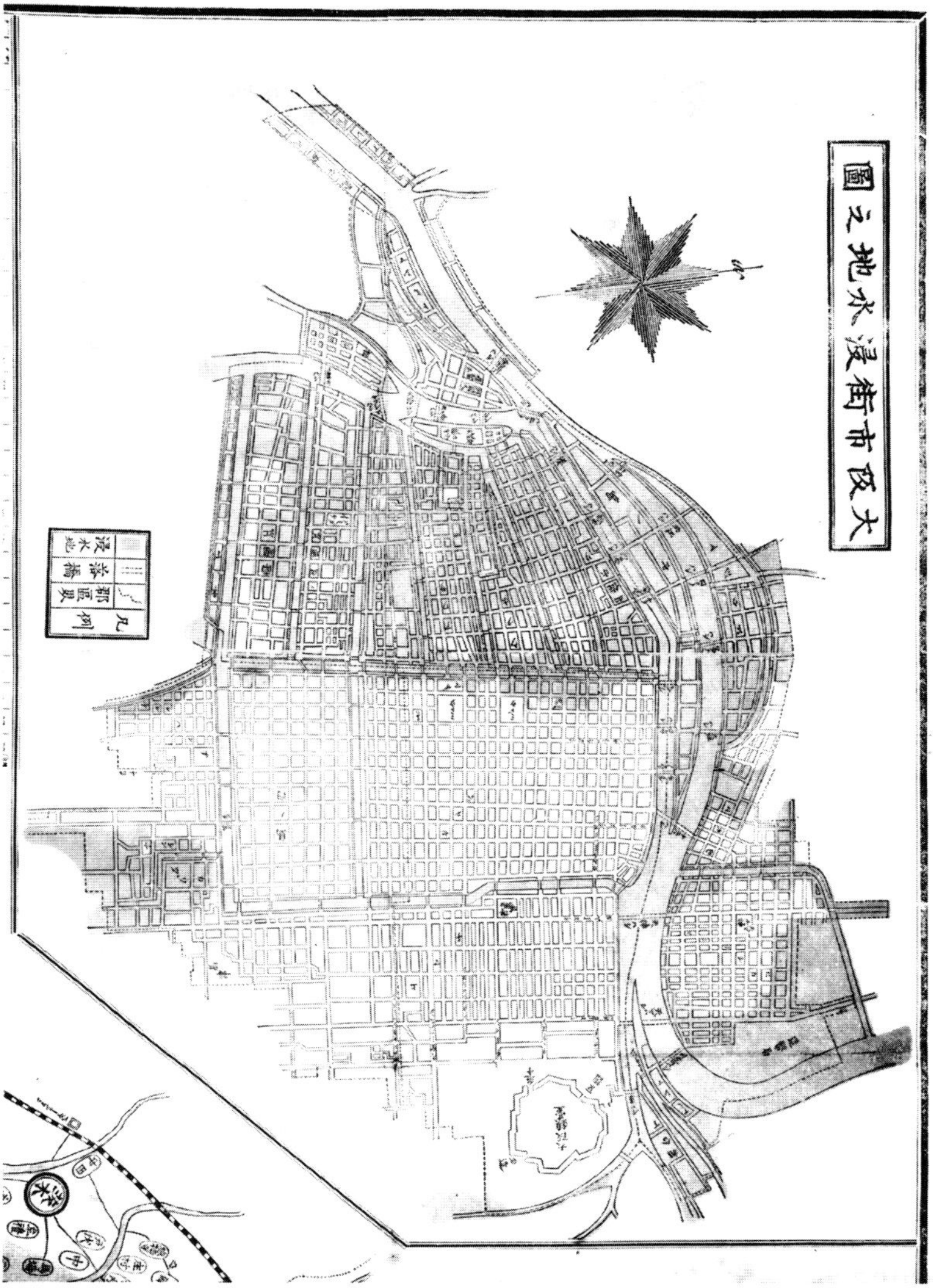

図6「大阪市街浸水地之図」部分『朝日新聞』明治18年9月20日付録（東京大学明治新聞雑誌文庫蔵）

要するに、さまざまなメディアが出てきたということは単なる平面的な広がりを意味してはいない。重層的に存在している受け手への発信は、予め見定められた方向性を強く持ったものと考えることができる。ところが、こうした新手のメディアの出現状況は新メディアの普及で溶解し、すぐにパラダイムの転換が起きる。そのことを一八八八年の磐梯山噴火の例で確かめてみることにしたい。

第三章　衝撃の磐梯山噴火写真

第一節　写真史における位置づけ

磐梯山噴火は一八八八（明治二一）年七月一五日午前八時過ぎ小磐梯が水蒸気爆発を起こし、山体崩壊によって大量の土石が山麓の北側噴出、五村一一集落が岩なだれに襲われ埋没、死者四七七人を出した火山災害史上稀に見る災害であった。この災害の様相は、岩なだれの襲来、北麓から南麓の猪苗代湖に向かって山の西側の裾を流れる長瀬川の土石流災害、南麓の山肌を高速で駆け下りた爆風の三様態に分かれ、それぞれ被害の有り様を異にした（北原前掲書、中央防災会議『一八八八年　磐梯山噴火報告書』）。

この災害では、火山爆発の変化が新聞によって日々伝えられ、政府、学者、新聞記者、外国人、青年層、それに写真師などがこの災害にそれぞれの立場から積極的に関わり、現地に赴くなどの行動を起こした。そればかりではなく、義捐金を募る新聞には全国の多様な社会階層から義捐金が寄せられるという、前時代には考えられなかった社会現象が起きた。災害写真の本格的社会化という点からいえば、この噴火災害がまず最初に位置づけられる。多くの写真師が磐梯山に行き、災害写真を撮り、街頭で販売する、あるいは写真を元に作成された幻燈スライドによる学術講演会など、メディアとしての写真の効用の社会的認知が広がっていく過程がよくわかる。中央防災会議による『一八八八　磐梯山噴火』には、付録として当時の写真がＣＤに収録され、閲覧、分析が可能になった。ここに収録された写真は、現在確認できた岩田善平撮影一四点（図７参照）、遠藤睦郎撮影二五点（図８参照）、国立科学博物館二八点、宮内庁二一点、『磐梯山破裂セリ』掲載写真一四点であった。

これに基づいて、火山学や土砂災害の様相などの分析がなされ、また、写真史の立場からのこの時期の写真技術の段階についても詳細な分析もなされた。そこで指摘された点は以下のようである（金子前掲論文）。

一　写真の日本への導入の歴史は、第一期を幕末～明治一〇年代、第二期のはじまりを明治二〇年代とすることができる

二　第二期を画する技術上の指標として、

① コロジオン湿板から、ゼラチン乾板へ転換する時期
② 一八八九（明治二二）年五月アマチュア写真団体「日本写真会」の結成
③ 今日に繋がる写真雑誌「写真新報」（第二次）の小川一真による発刊
④ 小川一真設立、鹿島清兵衛出資「築地乾板製造所」の設立
⑤ 写真の大量複写技術の達成

以上の指標を上げた上で、磐梯山噴火写真はまさにこの時期を表徴するものと指摘されている。写真師岩田善平の生涯を描いた作品には、地方にあったからこそ磐梯山噴火を直接撮影できた岩田の写真師としての生涯が書かれている（千世まゆ子前掲書）が、写真史に詳しい金子氏の写真原板の解明によって、噴火直後に撮影した岩田の写真はゼラチン乾板ではなく、すでに前代のものとなりつつあったコロジオン湿板写真であったことが突きとめられたのである。地方においては、まだ、ガラス板に薬剤を塗布、その場で感光する労苦を伴う写真撮影が行われていたことが明らかになった。まさに、写真史の上では技術革新による流動的な状況そのものが噴火写真として残されていることが指摘されたのである。

第二節　災害写真の学術利用

磐梯山噴火の写真は、当時の学者によって学術研究に利用された極めて初期の事例に属する。こ

図7　岩田善平撮影磐梯山噴火コロジオン湿板写真（竹内写真館旧蔵）

図8　遠藤睦郎撮影磐梯山噴火鶏卵写真（福島県立図書館蔵）

の噴火については、噴火現象が水蒸気爆発という予想外のものであったため、被害の実像もさることながら、漸く学術体制の整いつつあった東京帝国大学理科大学の教師、あるいは内務省地理局、農商務省地質局などの技術系高級官吏が政府から派遣され、調査に当たった。その調査報告が通俗講演会と称される公開講演会で幻燈写真などによって解説され（大迫他前掲書）、また、当時の学術総合雑誌『東洋学芸雑誌』などに発表された。そのうちでも、この噴火の学術的意義が海外に伝えられたのは、理科大学の地震教授関谷清景、同助教授菊池安による英文の大学紀要である“The Eruption of Bandai-san”（The Journal of the College of Science, Imp. Univ. Japan 3 ,1889）であった。この紀要は、まだ写真のコロタイプ印刷技術が導入されていなかったため、石版画、銅版画などによって、噴火の状況説明が行われた。その挿絵について、増野恵子による詳細な分析がなされ、石版画一〇点のうち、多色刷石版二点、砂目石版三点が含まれ、いずれも芸術的とまで評価される高度な技術と美しさであること、さらには作者の存在も指摘された。この時期、帝国大学理科大学の紀要などに動物画、植物画などの挿絵を描いた画工の存在を突きとめ、写真が登場する時期になるまでのわずかな期間、こうした画工の手になる学術用の挿絵が存在したことが指摘されている（増野恵子「Eruption of Bandai-san、―図版に関するノート」中央防災会議編『一八八八年　磐梯山噴火報告書』）。

第三節　写真による災害救援報告

日本赤十字社は当時結成されたばかりの民間救護団体であったが、皇后を総裁として仰ぐという公的な要素を色濃く持たせたものであった。現在もこの系譜は引き継がれているが、戦後はＧＨＱの要請によって新たに定められた日本赤十字社法に基づいて運営されている。出発当初も民間団体であったこの団体は全国から募る会員による寄付金で運営され、戦陣救護をもっぱらの任務とした。災害救援のため災害現場に出張したのは、磐梯山噴火が初めての経験であった。現在、日本赤十字社の資料が寄託されている豊田日赤看護大学図書室には、磐梯山噴火で救護に赴いた医師、看護婦の活動を伝える写真が残されていることがわかったが、残念なことに写真は黄色く変色激しくほとんど画像が読み取れない状態で、写真撮影も不可能である。これまで福島県、あるいは宮内庁で確認されている写真とは異なるものがある。ここでは、新たに発見された写真の存在を写真裏面に記された説明文からいくつか紹介しておく。すべて、たて一〇・二㎝、よこ一五・〇㎝のサイズ、台紙は二㎜の厚紙（一〇・六㎝×一六・五㎝）である。ただし、撮影者は確認できない。この写真の表に、後に朱書で「災害三八枚の内」と記されており、裏には同じく朱書で、台紙に説明が加えられている。上記ＣＤに収録されていないものとしては、猪苗代町の街並みを写したもの、猪苗代町警察署、猪苗代町小学校の、仮病室などの他に

「クミ沢の猫名形猫ニ似タリ土人祀テ赤猫ノ神と称ス磐梯」、
「猪苗代町金田佐与吉外男二人ノ仮埋葬票水谷村字沼上」、
「人相壊頽〆誰ナルヲ◯セサル二十九人ノ死体外ニ男ノ……」
「磐梯山噴火写真千代田村原松太郎三拾年」
「磐梯山噴火写真猪苗代町岡田ラク拾九年」
「磐梯山噴火写真長坂村鈴木◯ん拾壱年」
「磐梯山噴火写真宮川キン拾八年」

などが含まれている。人名の後にある三拾年などの数値はその人物の年齢を表している。最後の人名を記録した写真は火傷や裂傷を負った村人の写真であったと推定される。残念ながら、画像そのものを判読できないが、当時病院を開設していなかった日本赤十字社は陸軍軍医と日本赤十字社の看護婦を派遣した。彼らの活動を記録して、現地での医療活動を報告するために写真がここに残された。

第四章　濃尾地震――膨れ上がる写真市場

はじめに

濃尾地震の写真は磐梯山噴火写真と比べ、かなりの数が残されている。一八九一年一〇月二八日マグニチュード8の大地震により、被害は一五県に及び、死者七二七三人、負傷者一万七一七六人、家屋の損壊二四万軒以上という被害が出た。なかでも、被害は岐阜県西南部、愛知県西北部に集中し、岐阜市や大垣町など地震後の火災による被害は甚大であった。地震発生後間もなく焼け野原と化した市街地から立つ煙も微かに写し撮られている写真や、震源地とされた岐阜県根尾谷の縦六メートル、横ズレ二メートルの断層の写真などが残され、災害現場がリアルに写し撮られる写真の威力が遺憾なく発揮された。以下では、写真についての最新の研究成果を紹介し、なぜ同類の写真が多いのかについて、その経緯を示す証拠が得られたことを述べる。残念ながら、周辺メディアについて言及する紙幅がないことを予め断っておきたい。

第一節　官庁御用とオリジナルプリント

さて、現在、個人を除き、調査可能な以下の所蔵機関において、ある程度まとまった濃尾地震の写真の存在が確認された（『一八九一　濃尾地震』中央防災会議、付録のＣＤ版）。

国立科学博物館濃尾地震写真　九三点
宮内庁濃尾地震写真　三四四点
京都大学図書館蔵　比企忠旧蔵濃尾地震写真　三四点
岐阜県立図書館濃尾地震写真　一一六点、石版画　九点
大垣市立図書館濃尾地震写真　五二点
岐阜気象台　一四七点？
京都大学蔵 Milne and Burton, "The Great Earthquake in Japan 1891"（Lane, Crowford & Co. 1893）、一九九三年復刻版　二九点
長崎大学蔵写真帳「濃尾大地震」　二七点
日本大学蔵「愛岐震災写真」　一一点
横浜開港資料館蔵日下部金兵衛撮影濃尾地震ガラス写真　二一点

以上のうち、もっとも多数を占めるのは宮内庁書陵部が所蔵する三〇〇点以上の写真である。これらは、主として、当時現地に派遣された三人の侍従からもたらされ、天皇に報告方々献上されたものや、県あるいは個人などから献納されたものである。

右の所蔵機関のうち、長崎大学、日本大学、横浜開港資料館のものは、写真に色付けが施されている。これらについては、すでに遠藤正治氏による考察（遠藤正治他「濃尾震災の写真―日下部金兵衛のアルバムを中心に―」『日本写真芸術学会誌』）、斉藤多喜男氏による震災の現場に入り撮影した日下部金兵衛についての考察などがある（『幕末明治　横浜写真物語』）。また、岐阜気象台、国立科学博物館の写真のうち（元来は震災予防調査会の所管であったものが、戦後その後身の東京大学地震研究所から国立博物館に移管された）、当時地震学者が指定して撮影された根尾断層の地表への出現などの写真類については、現代の活断層調査に活用されている（村松郁栄他『濃尾地震と根尾谷断層帯』）。これらを除いて、宮内庁、比企忠（京都大学図書館蔵）、岐阜県立図書館、大垣市立図書館のものには一部の写真が利用されることはあっても、これまでそのすべてが公開されることがなかった。

さて、これらの写真を一覧して抱く感想は、同じような写真が多いということである。すでに、磐梯山噴火の写真についても同様のことが指摘されていることは前述した。濃尾地震の場合の似通った写真についても、同様の手順での焼き増しが考えられる。しかし、以上は現物を閲覧してそういう可能性が高いと感じたことであって、濃尾地震の場合どうして同じような写真が多いのかについては、今回、写真関係の記事を新聞から拾うなかで、重要なヒントが得られた。『岐阜日々』明治二四年一一月二八日号雑報欄には、「清水氏の震災地撮影」と題する記事が掲載された。

先に当市八間道路濃陽館前に支店を開きたる梅林の写真師万世不変色と早取の術に長じたる清水鉄次郎氏は震災の当日より県庁、岐阜測候所、御料局木曾支庁を始めその他より出張撮影を申し込む尚多く、尚ほ此程よりは宮内省侍医局の御用にて本巣郡北方町及び厚見郡近之嶋なる同局両出張所に至り、患者の模様、治療の実況を大板に五十葉づつ程撮影し又た武儀郡関町なる赤十字社出張所にて同様五十葉ほど撮影し其他本巣郡本田村役場よりの依頼にて糸貫川堤防破壊二十余箇所を写し取り昨今梢々帰宅したれば今後は自宅撮影及び出張とも依頼に応ずる由

この記事によれば、震災当日から、岐阜市内の写真師清水鉄次郎は県庁、岐阜測候所、御料林を管轄する木曾支庁、宮内庁侍医局、本巣郡本田村の依頼によって堤防決壊二〇箇所を写真取りする出張撮影を請け負ったことがわかる。

これに続いて、一ヶ月後の一二月二四日の記事では、以下のごとく、諸官庁から依頼された写真を納めたので、以後はそれらの写真を注文に応じて販売するという記事が見られる。

当市八間道路濃陽館前なる梅林支店写真師清水氏は先に本県庁を始め、宮内省侍医局及び御料局木曾支庁其他の御用にて各所へ出張したるが、その撮影せし震災被害の実況百数十種に及び し由にて、各御用の分上納済みとなりし後、同写真舗に於て販売し居るに購求者陸続ありて写

真調整に手廻り兼ねる位なりと、是れ遠国の親類知己等へ震災見舞の謝礼に送るあれば、ブックに仕立てて永く紀念に保存し置ける者多きが為めなりと

記事中「ブックに仕立てて」とは写真帖のことを指すが、この時期の写真愛好家の嗜好を示唆して興味深い。なお、清水鉄次郎に限らず、瀬古安二郎も一一月二三日の広告欄（『岐阜日々』）に、県庁の出張写真撮影が御用済みとなったので、数十種の写真販売をする旨広告している。清水の場合は、百数十種というから、多くの災害場面を撮影したわけである。

これらの記事によって、出張依頼された写真については、オリジナルプリントを写真師が保存し、それを販売することが認められていたことがわかる。これが許される条件で、出張撮影料などは支払われなかった可能性も考えられる。ともかく、現在、宮内庁、岐阜測候所、日本赤十字社などに残されている写真と同じ構図の写真が各所で多数見つかる理由の一端はこれによって判明したことになる。つまり、オリジナルプリントを持つ彼らは、これを紙焼して売り出す権利を獲得した。そして、彼らの手許から同じ写真が数多く売り出されたということである。もちろん、それを購入した者が写真をガラス乾板に写し撮り、さらに焼き増しするということもあり得た。

上記の記事の中で注目されるもう一つの点は、清水鉄次郎は震災当日から撮影を依頼されたとある点である。当時の県庁の内部の動きを記す岐阜県官房の記録「震災日誌」（岐阜県立歴史資料館蔵）では、一一月六日に内務省県治局長より、県庁において震災写真を至急送るよう電報が入っている。これに対してとりあえず、県は一〇枚の写真を送った。さらに、撮影場所と方角を記した地

図9　岐阜県岐阜市桜町ヨリ伊奈葉神社境内ヲ見ル図（宮内庁書陵部蔵）

図 10　岐阜県病院境内ニ於テ罹災負傷者施術之図（宮内庁書陵部蔵）

図11　岐阜県安八郡大垣町震災之図（宮内庁書陵部蔵）

図と説明を添えるよう、重ねて指示が出た。一一月一九日には、この指示に基づき、一八点の写真を内務省に送付している。この一八点の写真の説明（写真現物はなし）を当時の内務大臣品川弥二郎文書に見出すことができるが（国会図書館憲政資料室蔵「愛岐一件」）、その一八点の写真と同定されるものが宮内庁所蔵写真で確認される。品川弥二郎文書のなかには問題の写真自体は見出すことができなかった。宮内庁に納められた経緯は不明だが、品川弥二郎文書中の一八点の写真説明と、写真自体の表に書き込まれた説明文とは完全に一致するところから、当時県庁から内務大臣に送られたものが現在宮内庁で確認できる写真そのものだという可能性もあり得る（図９、10、11参照）。

岐阜県立図書館や大垣市立図書館に所蔵されているキャビネサイズ、名刺判の写真でも同じ構図の写真が多数ある。ということは、清水鉄次郎の動向を伝える記事から推量される原板の複写、さらに複写という使い回しは、現在残されている多数の類似災害写真の存在理由の説明として、さらに一般化して考えてよいのではないだろうか。

第二節　東京の写真師と義捐幻燈会

地元の写真師の活躍だけでなく、多くの写真師が現地撮影したことが知られている。写真に色付けをし、外国人に日本土産の横浜写真として販売した日下部金兵衛については、幻燈写真が現存し、研究成果によってその全貌が明らかにされている（遠藤正治他前掲書、斉藤前掲書）。

濃尾地震の場合には、新聞の震災写真売り出し広告からも、多数の写真師の活躍が推測される。左に挙げたものは、写真関係の記事や広告を新聞紙面から拾ったものである。○に数字の入ったものは『時事新報』、＊は『新愛知』、（　）内漢数字は新聞の面を示す。

① 一一月一日（一）　東京機械製造会社教育部（日本橋本銀町）
大地震顕象幻灯映画後来学理上ノ参考ニ供ス為、社員ヲ派遣、幻燈映画分販可

② 一一月五日（七）　江木本店（神田淡路町）、江木支店（新橋丸屋町）
震災実地惨状ノ写真発売　四〇種本日発売大形一〇銭

＊ 一一月六日（四）　写真師宮下欽（名古屋本町）　震災地方写真発売

③ 一一月七日（八）　玉村写真館（横浜弁天通）
震災地方義捐写真幻燈会（湊座）八日午後七時、
入場料一〇銭、写真師西村加満三、彩色鈴木益之助

④ 一一月八日（八）　幻燈舗　池田都築（浅草区御蔵前片町）
名古屋地方震災幻燈映画十五枚出来　郵便代二銭投入にて販売

＊ 一一月八日（四）　写真師中村透（名古屋公園内）震災各地写真発売

⑤ 一一月一〇日（九）　写真師中村牧陽（名古屋大須賀公園内）

愛知県下震災被害真影

⑥　一一月一〇日（九）　進成社（本郷区元町）震災地惨状幻燈映画発売
二〇枚組五円

⑦　一一月一三日（一）　京浜禁酒会　大地震実況慈善大幻燈会
幻燈始待乳園、一四日

⑧　一一月一三日（一）　写真師長島慶次郎（下谷西町）震災各地写真発売

⑨　一一月一五日（九）　京橋区協同会衛生部　幻燈一九日厚生館にて午後五時より

⑩　一一月二一日（一〇）　長島慶次郎・鈴木益男（浅草）
慈善震災大幻燈会二二、二三日

⑪　一一月二二日（四）　義捐瓦斯幻燈会（鳥越中村座）、二一、二二日

⑫　一一月二八日（一〇）　地震学会救恤幻燈講演会　ミルン、真野文二、バルトン、
帝国ホテルにて一一月二八日午後八時より、
切符一円、特別二円
ジョン・クロフォード社、丸善、帝国ホテル共催

⑬　一二月一日（一）　江木本支店（神田淡路町、新橋）震源ノ写真　小藤・田中館博士ノ指図ヲ
乞ヒ震源其他・・・実写セシメタリ学理上地濘地震ノ所以ヲ知ラントスル
者ハコノ写真ヲ求メアルベシ

以上の新聞に広告から、東京では一一月五日に江木写真館、地元名古屋では宮下欽が一一月六日に売り出し広告を出していることがわかる。一一月六日というのは、先に述べた岐阜県庁へ内務省県治局長から写真送付の要請があった時点に照応する。恐らく、これらの記事を東京の新聞で見た内務省の役人から、岐阜県に対して、写真送付の要請が出されたのであろう。

また、⑫『時事新報』一一月二八日の広告、⑬の『時事新報』一二月一日の記事に注目する必要がある。濃尾地震の写真帖として、ミルン／バートンの"The Great Earthquake of Japan 1891"は、当時の写真技術と小川一真が留学先から持ち帰ったという最先端の印刷技術を駆使して作成された災害写真帖の白眉として著名であるが、この写真帖に仕立てられる前に幻燈写真が義捐会で公開されていたことが確認できる。また、ミルン／バートンの写真帖出版は一八九〇年、一八九一年の両度発行されたが、第二版には濃尾地震の震源写真が掲載されている（図12-2）。小藤文次郎が濃尾地震について東京大学理科大学紀要に発表した英文論文で使用した根尾谷断層の写真について、村松郁栄が岐阜の写真師瀬古安二郎の手になるものではないかとの見解を示している（村松他前掲書）。しかし、江木写真館が広告する「小藤・田中館博士ノ指図ヲ乞ヒ震源」を写したことが事実であれば、小藤文次郎や田中館愛橘が指定して写真師に撮らせたという「FAULT」の文字の書き込みがある著名な写真は、この記事によって、江木の撮影による可能性が考えられる（図12-1）。

また、震災後約一ヶ月の広告件数からみても、写真広告は圧倒的に東京の新聞であり、震災地の地元では、『新愛知』で地元名古屋本町の宮下欽と、名古屋公園内中村透の二件の広告を確認でき

図 12-1 小藤文次郎の帝国大学理科大学紀要第 5 冊 4 号の「1891 年の日本の大地震の原因について」中に掲載された「FAULT」の書き込みのある写真

図12-2　ミルン・バートン写真帖
"The Great Earthquake of Japan 1891" の根尾谷断層写真。路上に人影が写るのでオリジナルプリントが同一であることが判定できる

図13　豊原国輝画「大地震後図」（国立歴史民俗博物館蔵）地震で被害を受けた名古屋城、長良川鉄橋などを一つの構図に収めた現実にはあり得ない景観を作り出して話題を提供する

るのみである。『岐阜日々』には一一月中写真販売広告は出ていない。震災地ではなく、東京で多数の写真師による震災写真の広告が出されていることは、この時期の購買層が、都市の富裕な知識階級の人々に傾いていたことを推定させる。さらには、一二月一日の江木写真館の広告は、震源の写真という触れ込みであり、二人の帝国大学理科大学教授の指示で撮影したと宣伝しているのである。写真を買い求める人のなかで関心が分化していたことを示唆する。

また、以上に列挙した新聞広告から、義捐幻燈会が頻繁に催されていたこともわかる。義捐幻燈会の多くは当時流行の撃剣などの余興を伴う、現代でいえば一種のイベント興行であり、ここに集う人々は明らかに震源写真を購入しようとするような階層とは異なっていた。まず、幻燈そのものは語りによって幻燈写真に説明が付けられる。幻燈を見、語りを聞くだけで、震災の現場の惨状を体感する人々は、高価な写真を購入しようとする人とは明らかに異なっていたはずだ。また、江戸時代以来の大衆メディアであった錦絵がいち早く東京の出版社から出された。これらは現地取材するのではなく、新聞記事に基づく伝聞情報で描かれた、江戸時代以来のかわら版の出版スタイルを踏襲するものであった（図13）。こうしたものの購買層は幻燈写真会に足を運ぶ人々と重なっていた。しかし、もはや、濃尾地震の段階では、この出版スタイルは明らかな劣勢に陥っていた。受け手の変化もさることながら、作り手の減少が一層この傾向を推し進め、従来錦絵制作に関わった人々が廉価に出版できる石版画制作の周辺に移行したと推定される。

第三節　災害写真のその後

以上、一八八〇年代後半から一八九〇年代の半ばまでのわずか数年の間に起きた災害についての写真を中心に変化を追ってきた。災害ごとに写真のメディアに占める位置が大きくなり、他のメディアを圧倒していくことが読み取れる。この変化を促したものは、人間の想像力を超えたリアルな現実を伝える写真の持つ力であり、それが写真の学術利用と技術の革新を促し、人々の知的関心を高め、周辺メディアの奮起を促すという連鎖反応を起こしたのである。

しかしながら、濃尾地震の写真をみて不思議に思うことは、七〇〇〇人以上の死者を出しながら、犠牲者を写した写真を確認できたのは、極めてわずかであったことである。磐梯山噴火の写真では、写真師自身が人々の驚きを共有する形で爆風に吹き飛ばされた弊馬、あるいは犠牲者を写し取っている。そして、関東大震災では、死体の数累々たる写真は当局から禁止されたが、密かに売買されたという。この災害写真の間の落差は何を意味するのだろうか。この点は、岐阜市清水鉄次郎が県庁、宮内省などから撮影を委託され、その後彼の手許のオリジナルプリントを焼き増して多くの類似写真を市販したということが一つのヒントになると思われる。県庁、宮内省など、当時こうした官庁が持っていた権威は大きかった。撮影した写真のオリジナルプリントの市販が許される前提で撮影する写真には、撮影対象に死者を写さないなどの指示が依頼主から出ていたか、写真師が自己抑制を課していたか、ある種の了解し合う不文律が両者の間にあったのではないだろうか。災害写真は、確かに存在した災害状況を写してはいるが、決して災害の全体状況を写し出しているわけではない。『写真と社会』のなかで、著者フロイントは、写真雑誌として成功した雑誌『ライフ』は決して残酷な写真は載せないという不文律があったといっている。

しかし、そうしたことが覆された感があるのが、関東大震災の絵葉書写真である。本書では関東大震災の写真を直接論じることはしないが、写真が大衆のものとなる時代の災害写真の実態分析を紹介して、この節を閉じることにする。

関東大震災と写真絵葉書

二〇世紀の最大の災害のひとつであった関東大震災についての写真集はいまなお多く出版される現状だが、写真そのものを論じるというよりは、関東大震災という災害状況をなによりもよく伝えるものとして利用されている場合が多い。しかしながら、そのなかで、小沢健志編『写真で見る関東大震災』のような写真を題材にしながらもこの災害についての社会事象全般を取り扱ったものや、関東大震災の絵葉書を論じた木村松夫・石井敏夫編『絵葉書が語る関東大震災』などは、震災絵葉書を論じながらも、写真の原版を問題とするところから、関東大震災の写真に言及する。震災絵葉書を論じたこの著作で木村松夫・石井敏夫の提示した論点には、本稿で取り扱う時代を多少下るものの、共通する問題が指摘されているので、関連する点を簡単に紹介しておこう。

＊写真のオリジナルプリントは震災（九月一日）直後の九月六日に大阪、九月一〇日に東京で売り出されていることが確認される

＊絵葉書業者はなんらかのルートで入手したこれらの写真を元に、彩色を施し、時には炎などを誇張して描きこみ、この時期一般化したコロタイプ印刷で見栄えのする絵葉書が作成された

＊絵葉書業者から売り出された絵葉書を買い求めた者が、さらに東京の街角、あるいは地方都市でこれを売り捌く一儲け組みが活躍した

＊焼死体などの写真は極早い時期に販売を禁止されたが、密かに売られ、個人的に蒐集する人が少なからずいた

＊同じ絵柄や裏焼などの粗悪なものも含まれ、やがて二ヶ月後あたりで出版される震災写真帖、震災画報などの登場で、絵葉書は衰退する

以上は震災絵葉書を中心とする木村松夫「震災絵葉書の向こうに見えるもの」（前掲書、第二部所収）で論じられた内容のうち、本稿と関連する点を取り上げた。さらに、写真が世の中でもてはやされる社会的条件として、その大衆化を挙げる。指標として、アマチュア写真家の存在、それらに連動して、芸術写真を中心とする写真雑誌がまさに関東大震災前後に登場し、こうした条件の許に、関東大震災後の震災写真帳、画報類のブームが生まれ、やがて写真ジャーナリズムを成立せしめるにいたるという。

わたし自身も二〇一〇年に関東大震災の写真集を編集出版した（『写真集　関東大震災』）。ここでは、宮内庁書陵部所蔵の航空写真と東京都慰霊堂保管の震災写真および絵葉書、および横浜市史料室所蔵の震災写真に限定して構成した。東京都慰霊堂の約二五〇〇点の写真のうち、実に七〇〇点以上は絵葉書写真、しかもその大部分が被服廠の焼死体絵葉書写真であった。この類の写真は警視庁から販売禁止のみならず、製造も禁止され、版元は警視庁の厳しい追及を受けた。にもかかわらず、世間一般は震災の悲劇を確認する手だてとして被服廠の絵葉書写真を入手したがったのである。

ここには大衆の貪欲な情報欲求に付き合い、自ら陥穽に嵌いて行くジャーナリズムの姿がある。

第一部　参考文献

大阪府『洪水志』大阪府、一八八七年

Sekiya & Kikuchi "The Eruption of Bandai-san" (The Journal of the College of Science, Imp. Univ. Japan 3, 1889)

淀川工事事務所『明治十八年淀川の大洪水』一九三四年

田中雅夫『写真一三〇年史』ダヴィッド社、一九七〇年初版、二〇〇〇年二一版

小沢健志「『撮影術』」上野彦馬」復刻版『舎密局必携』解説編、産業能率短期大学出版部、一九七六年

ジゼル・フロイント『写真と社会―メディアのポリティーク』御茶の水書房、一九八六年

山口才一郎「下岡蓮杖の写真事歴」青木茂・酒井忠康編『日本近代思想大系　美術』岩波書店、一九八九年
千世まゆ子『百年前の報道カメラマン』講談社、一九八九年
亀井至一「横山松三郎の履歴」青木茂・酒井忠康編『日本近代思想大系　美術』岩波書店、一九八九年
展示図録『幕末・明治の東京—横山松三郎を中心に—』東京都写真美術館、一九九一年
服部　敬『近代地方政治と水利土木』思文閣出版、一九九五年
北原糸子『磐梯山噴火—災異から災害の科学へ』吉川弘文館、一九九八年
日本の写真家二『田中研造と明治の写真家たち』岩波書店、一九九九年
北原糸子「災害絵図研究試論—一八世紀後半から一九世紀の日本における災害事例を中心に—」『国立歴史民俗博物館研究報告』八一集、一九九九年
上林好之『日本の川を蘇らせた技師デ・レーケ』草思社、二〇〇〇年
佐藤卓巳『キングの時代—国民大衆時代の公共性』岩波書店、二〇〇二年
村松郁栄・松田時彦・岡田篤正『濃尾地震と根尾谷断層帯』古今書院、二〇〇二年
大迫正弘・佐藤公・細馬宏通「磐梯山噴火の幻燈写真」*Bulletin of National Science Museum. Series E, Physical science & engineering, 26*　二〇〇三年
小沢健志編『写真で見る関東大震災』ちくま文庫、二〇〇三年
大迫正弘・金子隆一「一八九四年の東京地震の写真資料」*Bulletin of National Science Museum. Series E,*

Physical science & engineering, 27　二〇〇四年

遠藤正治他「濃尾震災の写真—日下部金兵衛のアルバムを中心に—」『日本写真芸術学会誌』一三巻二号、二〇〇四年

斉藤多喜男『幕末明治　横浜写真物語』吉川弘文館、二〇〇四年

土木学会編『古市公威とその時代』社団法人土木学会、二〇〇四年

増野恵子「明治中期の災害画像を考える—メディア史の視点から—」神奈川大学二一世紀プログラム研究推進機構『年報人類文化研究のための非文字資料の体系化』第二号、二〇〇四年

増野恵子「Eruption of Bandai-san —図版に関するノート」中央防災会議災害教訓の継承に関する専門調査会報告書「一八八八　磐梯山噴火」二〇〇五年

飯沢耕太郎『増補都市の視線—日本の写真一九二〇—三〇年代』平凡社　二〇〇五年

金子隆一「一八八〇年代における日本の写真状況と磐梯山噴火写真」中央防災会議災害教訓の継承に関する専門調査会報告書『一八八八　磐梯山噴火』二〇〇五年

東京国立文化財研究所美術部編『明治美術基礎資料集』内国勧業博覧会・内国絵画共進会（第一回、二回）編

北原糸子編『写真集関東大震災』吉川弘文館　二〇一〇年

第二部　メディア環境の転換期――一八九四年庄内地震

第五章　庄内地震の災害メディア

第一節　庄内地震の被害と救済

はじめに

ここでは一八九四（明治二七）年一〇月二二日山形県庄内平野を襲ったマグニチュード7の庄内地震の災害情報を中心に検討する。新聞はもちろん、絵巻、石版画、写真など、この時期のメディアが総動員された感がある。地方であるからこそ、多少の時間的差と停滞を反映させながら、近世から近代のメディア環境の転換期が色濃く反映されていると考える。

一八九四年一〇月二二日の庄内地震では、鶴岡以南を除く庄内平野全体に被害が生じた（拙稿「庄内地震（一八九四）の被害と救済」『歴史地震』一七号）。全潰家屋二七七七、死者七二三、住家焼失一四八九とされた。ところで、この地震を体験した数学者小倉金之助（一八八五—一九六二）は、回想録のなかで、次のようにいっている。

この大震災によって酒田は徹底的に破壊されたのですが、それは私のちょうど一〇歳（高等一年）のときでありまして、…ことに私の町（船場町）がもっとも甚しく、死者の大部分は私の町から出たのであって、私たちも辛うじて助かったのでした。…日清戦争の最中にあたって、酒田町は地震のために徹底的な災害を受けました。その上に、戦後の好景気につれまして、投機的な事業がいろいろ起こったのでありますが、町の有力な多くの人たちは、投機事業に於いて全く失敗に終わったのでした。それがために酒田港の繁栄は一朝にして衰えまして、それ以後再び元の隆盛を見ることができなくなりました。私の家のあった船場町などは花柳界が他の方面に移転させられましたので、殊に淋しい町へと一変したのです。大部分の土地には家も建たないで、半世紀後の今日でも、そのまま空地となって残されている状態です。（『一数学者の回想』筑摩書房）

とノスタルジアを籠めて書いている。

江戸時代西廻海運の開発による廻米で繁栄を誇った酒田の街は、この地震で、繁栄を象徴する建物の一挙喪失とともに、凋落の道を辿ることになる。それは丁度近代流通網が内陸の鉄道に転換する時期とも呼応した。

庄内地震の各町村の住家の被害は、当時の飽海郡訳書文書などによると表2のようである。庄内平野の三郡のうち、被害が集中しているのは上記回想のように火災が発生した酒田町、海岸砂丘沿いの西田川郡も含まれるが、平野の山際に沿った村々のなかにも大きな被害が出たところがある。震害の著しい地域は、各村ごとに全潰率を示した表3「三郡全潰率」でほぼ把握される。震源の一

表２　庄内地震　庄内三郡被害

郡名	全戸数	全焼	全潰	半潰	破壊	全被害戸	死傷者	死傷率
飽海郡	12,769	1,514	1,436	912	3,659	7,521	1260	*16.8%*
東田川郡	6,831	35	1,098	550	717	2,400	394	*16.4%*
西田川郡	1,615	47	201	78	558	884	166	*18.8%*
合計	21,215	1,596	2,735	1,540	4,934	10,805	1820	*16.8%*

＊破壊戸数を含む全被害戸に対する死傷率
出典：山形県震災被害一覧表（年月不明）、
ただし、飽海郡のみ「山形県飽海郡震災被害一覧表」
（飽海郡役所、明治27年12月13日再調）による

表３　庄内三郡町村震災全潰率（1894）

飽海郡		東田川郡	
町村名	全潰率	町村名	全潰率
酒田町	8.00%	八栄島	16.10%
松嶺町	46.20%	八栄里	40.00%
上郷	12.00%	大和	32.30%
内郷	47.50%	堂万	45.70%
田沢	1.00%	余目	33.50%
南平田	64.00%	新堀	45.80%
東平田	11.70%	栄	37.60%
北平田	16.10%	広野	68.10%
中平田	24.50%	押切	44.60%
鵜渡川原	6.70%	十六合	10.70%
西平田	31.50%	長沼	15.70%
上田	13.00%	藤島	1.70%
本楯	8.00%	東栄	0.80%
一條	27.80%	狩川	0.50%
観音寺	14.60%	渡前	1.10%
大沢	4.10%	横山	
日向	5.60%	立谷沢	
西荒瀬	5.40%	広瀬	
南遊佐	5.80%	計	20.10%
稲田	3.00%		
西遊佐	12.60%	西田川郡	
遊佐	8.90%	袖浦	38.90%
蕨岡	13.70%	東郷	9.80%
川行	6.30%	西郷	1.30%
高瀬	15.80%	大宝寺	0.50%
吹浦	16.20%	小計	14.90%
計	14.80%		

＊全潰率＝（全潰＋半潰/2）÷全戸数
＊出典：「山形県震災被害一覧表」

表４　庄内地震酒田町の被害

町名	全焼	＊全半潰	死亡	＊負傷
船場町	146	6	72	15
新町	46	40	8	8
出町	36	6		5
鍛冶町		12	2	1
桶屋町		6	1	
大工町	1	18		
上中町	40	2		6
下中町	53		3	6
秋田町	51		6	6
伝馬町	52		18	7
六丁目	22			
七丁目	17		3	1
上袋小路	49		1	
稲荷小路	5			1
山淑小路		4		3
中袋小路			1	5
実小路	26		1	5
下袋小路	33		2	1
利右衛門	53		1	2
染屋小路	38		5	5
鷹町		6		
外野町		2		1
浜畑町		6	1	1
千目堂前		10		2
上小路	44		2	7
下小路	37		4	6
桜小路	22			4
上荒町	23		5	3
下荒町	29		1	4
今町	72	12	9	13
上台町	87		3	7
下台町	34	9		5
合計	1016	139	149	131
原簿数字	1345	284	165	172

出典：光丘文庫蔵「震災救助一途」3-63
＊1. 全潰・半潰を合算した
＊2. 重傷・軽傷を合算した

つ矢流沢断層付近の南平田村六四％を措くと、全潰率三〇％以上の地域が集中して存在するのは、東田川郡広野村の六八・一％を含む最上川南岸の新堀から藤島町辺につづく地域である（後掲図、14参照）。

＊酒田町

表3によれば、酒田町はわずか八％の全潰率であるが、死者が最も多く出たところである。庄内地震といえば酒田が壊滅的打撃を受けたと喧伝されているが、酒田町の各町の途中集計（表4、二七年一一月頃と推定）によると、船場町の全潰はわずか六戸であるのに対して全焼一四六戸、死者七二人であり、次に死者一八人を出した伝馬町の場合、全潰は一軒もないが全焼五二戸あるなど、地震による倒壊よりも死者数と焼失戸数との対応関係が深いと一見見受けられる結果である。しかし、酒田町の被災の様子を記したものには、青泥吹き出した、あるいは地震と当時に地割れがして水が噴出し首まで浸かり、逃げることができなかったなどの記述が多く、火事のために逃げることができなかったという観察あるいは体験記述は見られない。他の震災の統計の場合についても倒壊した後焼失した家屋は倒壊戸数に算入されず、焼失として処理される場合が殆どであるから、酒田町の被災集計結果も当時の一般的な考え方に基づく結果と捉えておく必要がある。火災は翌二三日朝まで続いたとする記録もあることから、震災で火災が発生しても、そのことが直接的原因

図14 「酒田震災一覧」

というよりは倒壊した家屋での圧死、あるいは逃げ出せないうちに焼死という結果になったという悲劇的状況が推測される。したがって、表2の全焼と死者との関係性は表中の数値上の類推に留まるものとしておきたい。

なお、表2の原簿は郡役所文書の綴り込みであり、集計欄には全焼のほか半焼、負傷の場合は重軽傷者を分別して集計するなど、当時の郡役所が指導した統計項目とは異なるが、表2では全・半潰と重傷・軽傷をそれぞれ合算して示した。原簿の合計欄には最終的な被害値が掲げられているが、表の実際の計算値とは異なる。途中経過の集計値と推定した理由はこのことによる（図14「酒田震災一覧」参照）。

＊救済

庄内地震の救済は資金難で困難を極めた。この年飽海郡月光・日向川洪水、山形市大火、飽海三郡の震災と連続して大災害に見舞われたため、県費のなかから救済、復旧工事費を賄う財源の当てもない事態に立ち至っていたからである。山形県議会は災害復旧費補助の嘆願を国会に提出するが、その文面にはかつての酒田港の繁栄は時勢の変遷によって衰微の傾向にあり、洪水氾濫によって港口に砂が流れ治水工事の途上であったことなど、この時期の山形県の置かれた状況が縷々説明されている。災害補助費請願の国会への働きかけは、濃尾地震が第一回議会開設と同時に勅令を以

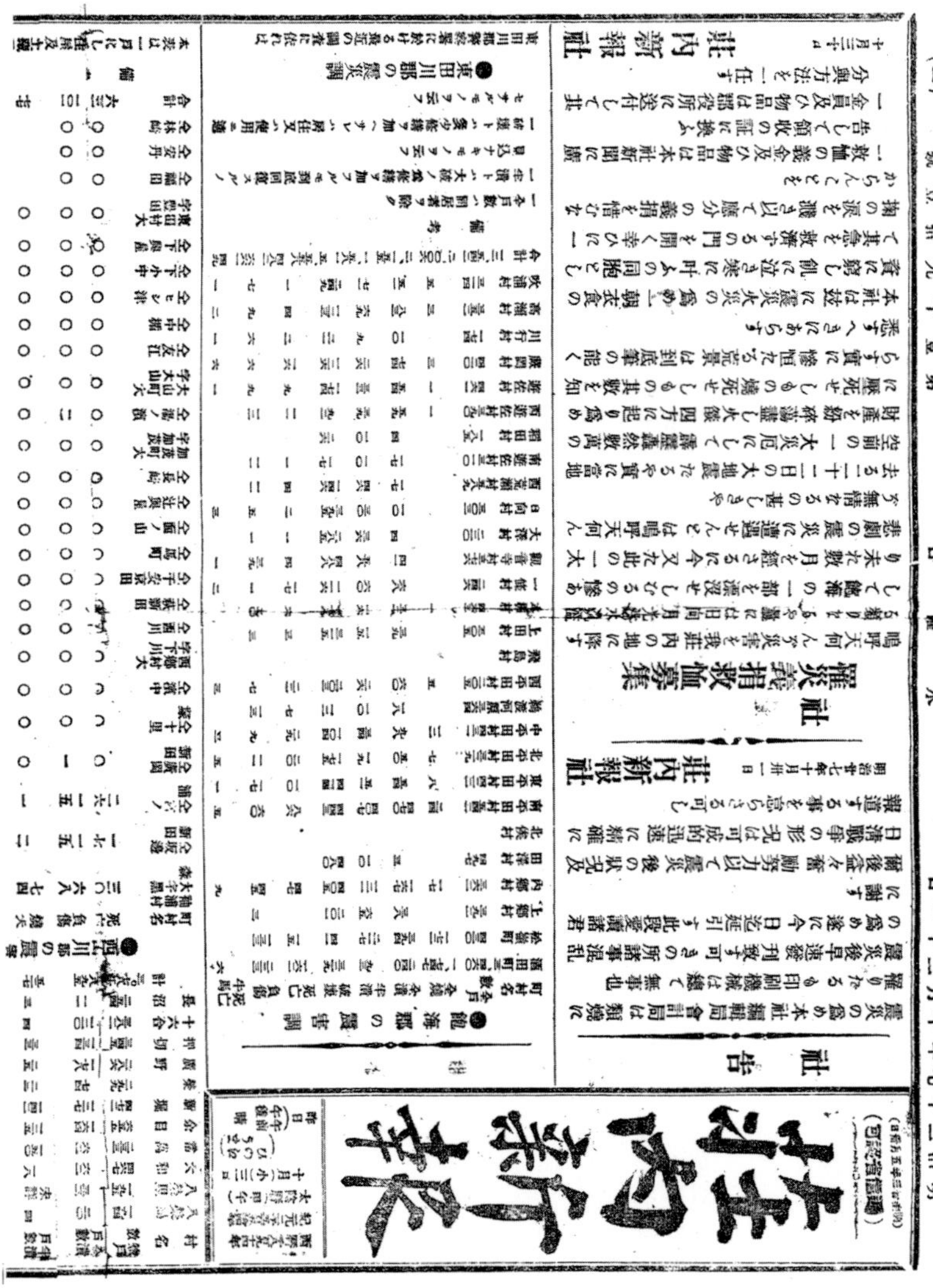
荘内新報

社告

罹災義捐金募集

荘内新報社

飽海郡の震害調

東田川郡の震災調

西田川郡の震害

図15 『荘内新報』明治27年10月31日1面の義捐金募集

て五〇〇万円余の災害補助費を支給された前例に倣った請願であったが、結果としては災害補助費四万六〇〇〇円が与えられたにすぎず、県の災害復旧査定額二七万円余にも到底及ばない額であった。このため、地方税の増額や県債一〇万円の発行などを行った（渡辺九十九「明治震水災概況」）。

しかし、災害発生後現場で処理にあたる町村長はこうした請願による国庫補助などを待つ余裕はなかった。一〇月三一日天皇の下賜金四〇〇〇円が震災三郡に与えられることが決定されると、郡長は、郡書記に対して、共済方法を現場において協議、処置するように指示した。その結果、飽海、西田川、東田川の三郡の罹災窮民への恩賜金配分は二九八九円二八銭三厘、本籍の有無に拘らず罹災居住戸に対して一三銭八厘〇八二五九が配分された。また、『荘内新報』の義捐金募集に見られるように、新聞による義捐金募集（図15『荘内新報』明治二七年一〇月三一日号）、あるいは酒田本間家の五〇〇〇円のような突出した義捐金高を含め、総額一万一三一二円六三銭二厘（明治二八年二月二〇日までの募集金総額）が全焼（七）、全潰（三）、半潰（一・五）、破壊（一）、死亡（三）、負傷（〇・五）の被害者に対して、それぞれ（　）内のような数値に基づく比例配分がなされた（飽海郡郡役所「震災一途」）。

第二節　震災予防調査会による調査

＊震災予防調査会の調査活動

震災予防調査会は一八九一年一〇月二八日に発生した濃尾地震による物的、人的被害を国家的損失と受け留め、一八九一年一二月、帝国大学理科大学教授にして貴族院議員であった菊池大麓によって、国会への議案の提出が行われ、「震災予防ニ関スル事項ヲ攻究シ、其施行方法ヲ審議」するための機関として文部大臣の監督下に設けられた（勅令五五号）。調査会は、会長、幹事、委員二五人からなり、会長には勅任官、委員には理学、工学専門研究者を当てることが法律で定められた。

この震災予防調査会が、実際に発生した地震で調査活動をした最初の事例が一八九四年六月一五日の明治東京地震、続いて同年一〇月二二日に発生した庄内地震である。

では、どのように対応したのか。官報によれば、以下の委員に対して地震発生四日後に現地派遣命令が出され、東京を出発している。

一〇月二六日　中村達太郎　震災予防調査会委員・工科大学教授（官報　三四〇二号）、一一月

五日帰京
一〇月二六日　大森房吉　震災予防調査会委員　（官報　三四〇二号）、一一月一二日帰京
（日付不明）曽根達三　震災予防調査会委員　（官報　三四〇三号）、一一月一〇日帰京
調査後、その結果が調査会で報告され、震災予防調査会において報告書が作成された。
ただし、大森房吉、中村達太郎の派遣について、二五日付の読売新聞は、震災予防調査会から派遣命令が出されるはずだが、菊池大麓会長が不在なので、「急速命令」とならず、自費で出張することにし、すでに二四日に午後一時の上野発の列車で出発したと報じている（『読売新聞』明治二七年一〇月二五日）。
また、中村達太郎については、翌二六日付の紙面で、「造家（建築）専門の学士を出張せしめ耐震家屋の調査」が必要として、「造家学専門の教諭一名と学生二名位を出張させようと大学で協議している」と報じた（『読売新聞』明治二七年一〇月二六日）。この時、実際に派遣された学生の一人関野貞の調査随行日記によって、いまだ鉄道の通じていない酒田まで、どのような行程を取ったのかが判明する。二六日上野発→二六日仙台→二七日、中村達太郎教授のみ一人で楯岡→酒田のコースを取ったという。二七日関野ともう一人の学生は黒沢尻へ行き、そこからは人力車と徒歩で、二八日横手→大曲、二九日秋田→三一日本庄→一一月一日西目村→二日平沢村→吹浦→三日にようやく酒田に辿り着いた。ここで、辰野金吾造家学科教授と学生五名と合流、八日間酒田に滞在、調査したという（関野克「明治二十七年酒田地震─関野貞の日記から」『明治村通信』昭和

五四年九月号)。

＊調査結果の公表と活用

震災予防調査会に加え、帝国大学から調査のために派遣された小藤文次郎、辰野金吾、田中館愛橘、宮内庁から出張した片山東熊(「山形県下地震調査ノ件」『震災予防調査会報告』)などの学者、学生による調査内容は、震災予防調査会報告三号(明治二八年三月)、六号(八月)、七号(一〇月)、八号(一一月)、九号(明治二九年五月)に掲載された。それぞれの内容について、ここで必要な限りで言及する。

上記学生数人を参加させ、建築学の観点から、町屋、農家、小学校、その他議事堂などの木造洋風建築の破損状態に関する調査結果は、一八九四年一二月工科大学教授中村達太郎により、「庄内震災地巡回報告書」(三号参照第一〇)として調査会に提出された。また、翌一八九五年九月には、大学院生で耐震構造物標本絵図方として、震災予防調査会嘱託に採用された野口孫市が中心となって、倒壊建物の破損部所を、脚部、軸部、小屋部、継手などに分類、学生らによる破損部のスケッチ、観察結果がまとめられた(七号参照第一)。これに基づき、地震対策として、震災に強い耐震構造策を山形県へ提言した。興味深いのは、提言した耐震構造の建物が実際に現地で参考とされ、改善が図られたかどうかの調査を行うため、野口孫市は翌年(一八九五年)の一一月一三日から一二月三日の二〇日間現地に滞在し、山形県庁、震災町村の公私建築物の視察を行ない、調査結果が委員会に報告され、『震災予防調査会報告』九号参照第一として公表された。それによれば、「震災後民力ノ疲弊ハ再興ト改良トヲ妨ケ在ルモノハ今ナホ転倒シタル藁屋根ノ内ニ寝テ在ルモノハ傾斜シタル敗屋《(マヽ)》ニ住シ在ルモノハ杉皮張ノ仮屋ヲ建テテ業ヲ営ム」といまだ復興には程遠い状態で、被災当時と変わらないような住居に住むものもいるなどの一般的現況を観察、震災復旧は「今タ昔時ノ半ニ満ス」としている。

そして、社寺は修復を加えるべきものはほぼ終了したが、官庁、小学校、邸宅、商家など多少の耐震強化のための考案をしていると認めつつも、農家は「些少ノ改良ヲ施シタルヲ見出サス」と評言した。そして、「本会カ示シタル耐震構造ハ殆ト其利用セラレタリシ場合アラサリシカ如シ」、つまり、帝国大学造家学科が一丸となって作成した耐震構造強化策もほとんど採用されていないとしながらも、それでは調査会そのものの社会的役割が危ぶまれることになると懸念したためか、酒田小学校、警察署などは、提言した耐震構造の採用計画があり、漸く徒労に終わらないことが確認できたという趣旨を述べ、苦しい立場が窺える。

地震学ではどうだろうか。まず、大森房吉による『震災予防調査会報告』三号参照第九の内容は以下の各項に及んだ（震域及ヒ被害、震動時間及余震、震動ノ性質、激震地及ヒ被害ノ分布、震動ノ方向及ビ震原《(マヽ)》、日本ノ地震分布、山形県震災写真説明書）。ここで、大森は、この地震を震度分布の範囲が庄内平野に及んでいることから、「庄内地震」とするのが妥当とした。それに従い、ここでは、「庄内地震」に統一している。また、小藤文次郎による地質学調査が報告された。この地

表５　Ａ・Ｂ山形県下地震写真帖

A/B-no.	裏面説明	台紙（内寸）cm	備考
A0	東二「明治廿七年10月22日山形県下地震写真帖」全 表紙裏の紙に「震災予防評議会」（朱角印）	11.5 ＊ 18.0	布張り、背革、柄に銀文字題字
A1	酒田対岸ノ飯盛山ノ麓ニ於ケル砂錘　地下ヨリ砂ヲ噴出シテ小山ヲ成セルモノ高サ１尺径２間	10.8 ＊ 16.5（10 ＊ 15.3）	
B1	酒田対岸ノ飯盛山ノ麓ニ於ケル砂錘　地下ヨリ砂ヲ噴出シテ小山エヲ成セルモノ高サ２尺径２間	10.8 ＊ 16.5	
B2	酒田対岸の飯盛山ノ麓ニ於ケル円砂錘　砂ノ噴出ニ由リテ生ゼルモノ経８尺	10.8 ＊ 16.6（10 ＊ 13.3）	
B3	山形県西田川郡宮野浦村ニ於テ砂地ノ陥落（円孔径８尺）	（10 ＊ 14.2）	
B4	山形県西田川郡黒森村　山腹崩壊シテ道路ノ一部ヲ移動スルコト7，8間ニ及ブ	（10.3 ＊ 14.0）	
B5	山形県飽海郡遊摺部村河岸ヲ突出シテ橋ヲ損セルモノ	（10.4 ＊ 14.4）	
B6	山形県西田川郡黒森村　断層ヲ生ジ地ノ陥落スルコト８尺ニ及ブ１戸ノ住家ハ此ノ断層ニ当リテ倒壊ス	（10.2 ＊ 13.8）	
B7	山形県西田川郡浜中村地籍砂地断層ノ図　地ノ陥落スルコト20尺	（10.6 ＊ 14）	
B8	山形県西田川郡浜中村地籍平地突出シテ小丘ヲ成セルモノ	（10.2 ＊ 13）	
B9	山形県西田川郡浜中村地籍砂地断層ノ図　地ノ陥落スルコト20尺且ツ砂ヲ流出シテ樹木ノ下部ヲ埋没ス	（10 ＊ 12.8）	震災予防調査会委員大森房吉撮影
B10	山形県西田川郡黒森村　地籍砂丘ノ頂上大亀裂陥落ノ図亀裂スルコト１町又陥落スルコト30尺ニ及ブ	（10.4 ＊ 13.4）	
B11	山形県西田川郡浜中村地籍砂丘亀裂ノ図　幅百間程	（10.2 ＊ 13.4）	
B12	山形県西田川郡浜中村地籍砂丘亀裂ノ図　地ノ陥落スルコト30尺	（10 ＊ 13.7）	震災予防調査会委員大森房吉撮影
B13	山形県西田川郡坂野辺村地ノ亀裂ニ当リタル家屋樹木ノ傾斜転倒ノ図	（10.2 ＊ 13.6）	
B14	山形県猪野子村小学校側ノ亀裂	（10.2 ＊ 12.9）	
B15	山形県飽海郡砂越村土地亀裂ノ図	（9 ＊ 13.7）	
B16	酒田町鐘楼ノ回転	（7.9 ＊ 9.8）	
B17	酒田町墓碑転倒ノ図	（7.7 ＊ 10）	
B18	山形県酒田町日枝神社石燈籠ノ転倒	8 ＊ 11(6.2 ＊ 9.8)	震災予防調査会委員大森房吉撮影
B19	酒田町郡役所ノ破損	（7.5 ＊ 10）	
B20	酒田町郡役所側面出入口ノ損破		
B21	山形県酒田町日枝神社ノ破損	8 ＊ 10.2（7 ＊ 10.5）	震災予防調査会委員大森房吉撮影
B22	山形県酒田町日枝神社拝殿ノ破損	（8 ＊ 10.1）	
B23	酒田浄福寺寺院屋根損ジノ様	（8 ＊ 10.2）	
B24	酒田高等小学校ノ破損（前面）	（8 ＊ 10.4）	
B25	酒田高等小学校運動場ノ破損（前面）	（7.6 ＊ 10）	
B26	酒田人民小学校ノ大傾斜	（7.4 ＊ 10.3）	
B27	酒田高等小学校ノ傾斜	（8 ＊ 9.9）	
B28	酒田町議事堂ノ破損	（8.3 ＊ 10.7）	
B29	山形県飽海郡飛鳥宮ノ傾斜	（9.8 ＊ 12.7）	
B30	山形県飽海郡砂越村家屋小尾傾斜ノ図	（10.7 ＊ 14.49）	
B31	酒田裁判所	（10.5 ＊ 14.6）	
B32	山形県飽海郡飛鳥宮山門ノ壊倒	（10.4 ＊ 12.8）	
B33	山形県飽海郡飛鳥宮境内殿社壊倒ノ図	（10 ＊ 13.6）	震災予防調査会委員大森房吉撮影
B34	山形県東田川郡押切村墓石転倒ノ図	（10 ＊ 14）	震災予防調査会委員大森房吉撮影

独立行政法人国立科学博物館蔵，Ｂ番号は大森房吉「明治廿七年十月廿二日庄内地震概報告」『震災予防調査会報告』３号参照第九（明治28年６月発行）に掲載の写真のナンバー．Ａは写真，Ｂは石版．ともに全く同じ対象．（　）内のＢ番号は図42-1，-2におよその位置を示した．

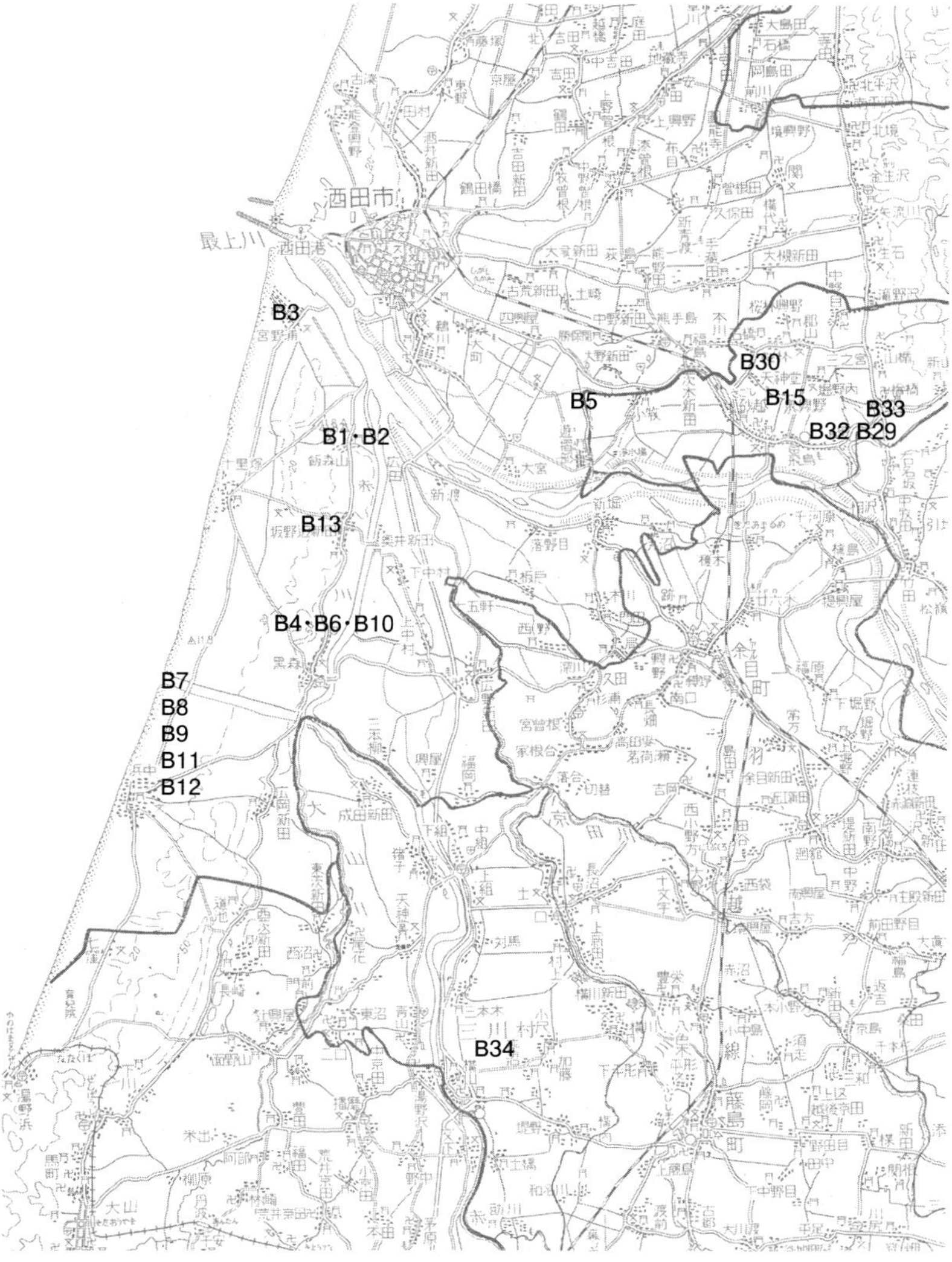

図 16 （酒田町除）震災予防調査調査会写真石版(B)該当地点図（表 5、図 8(B1)～図 22(B15)、図36(B29)～図 41(B34)に対応）

図 17 （酒田町内）震災予防調査会写真石版（B）該当地点図 （表 5 および図 16（B9）～図 28（B21）に対応）

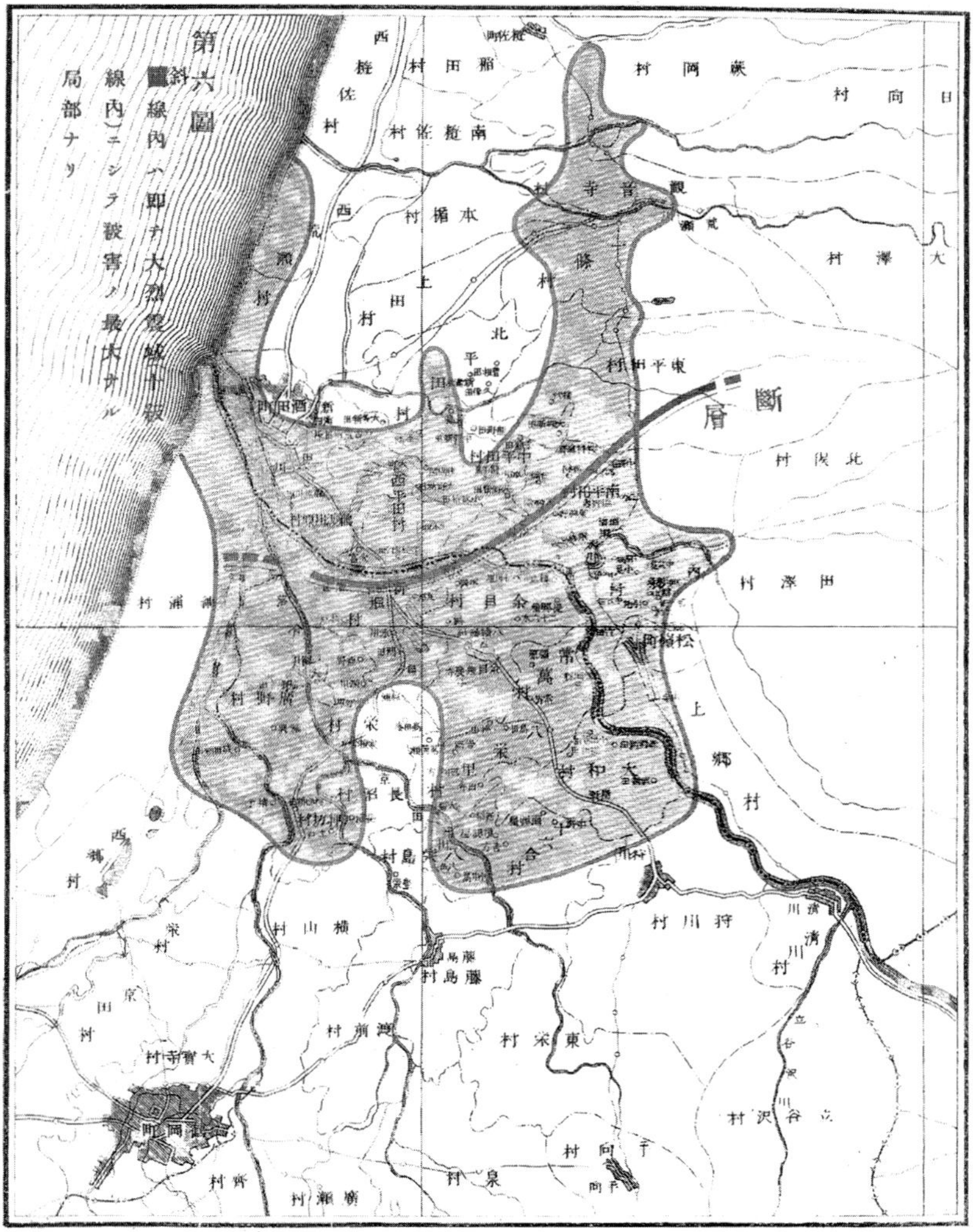

図 18　小藤文次郎による庄内地震の推定断層線
出典『震災予防調査会報告』第 8 号参照第 1 の第 6 図より、断層線強調（引用者）

図 19 「山形県下地震写真帖」

帯の地質学的特徴、庄内地震が断層によるものと推定するが、濃尾地震のような地上に現れた断層を確認できないこと、震源となる断層の位置の推定、砂丘上での被害と地変が各所に発生した地質構造的理由などについて解説が付けられた（図18　小藤文次郎による庄内地震断層線）。

このうち、ここで取り上げたいのは、大森房吉調査に伴い、地震現象が写真で捉えられたことである。

＊写真で捉える地震現象

上記に述べた震災予防調査会の報告書では、震災写真説明書とは名付けられてはいるが、実は写真ではない。石版画によって、写真をベースに描かれたものである（表５「山形県下地震写真帖」および大森房吉「明治二十七年十月

図 20　山形県酒田町日枝神社石灯籠ノ転倒

二十二日庄内地震報告」『震災予防調査会報告』三号参照第九〈明治二八年六月〉の対照表)。この原画となる写真が国立科学博物館に現存する。「山形県下地震写真帖」と束に金文字が刻された厚さ五・八cmの写真帖(図19)である。現在国立科学博物館に蔵されている写真画像とその台紙裏に書かれた説明が、震災予防調査会報告に掲載された石版画の説明と全く同一で、写真、石版画ともに三四枚ずつある。　写真の台紙には、「震災予防調査会大森房吉撮影」と墨書されているものが数点あるところから、大森房吉もこの当時、すでに写真撮影を手掛けていることがわかる。五表のうち、№18の大森房吉撮影の注記のある図を掲載しておこう(図20山形県酒田町日枝神社石灯籠ノ転倒)。この写真帖は、本来は震災予防調査会が調査結果の資料として同会に保管していたものであったと考えて間違いだろう。

さて、ここで漸く、本論の中心的話題である災害写真について論じることになった。写真、石版画ともに、撮影されている対象は同じであるが、写真はサイアノタイプといわれる写真で、当時の一般的な紙焼、すなわち鶏卵紙への焼付の約一〇分一の値段でできる安上がりの写真製法によるものだという。紙のサイズは大小微妙に各写真で異なっており、プロの写真師による写真作製とは考えがたい。すでに述べたように、「大森房吉撮影」と注記されているものもあることから、これは地震予防調査会の現地に出張した委員が直接撮影、紙焼したものと推定してよいだろう。この写真群がほとんどすべて地変と半倒壊の建物、倒壊した墓石などに限られている点は、撮影者の狙いが何であったのかは、明瞭に読み取れる。すなわち、地震の地変および建物に与えた被害の実情を正確に捉えることであった。これらが震災予防調査会の報告書では、写真紙焼ではなく、同じ情景を石版画として、印刷しているのは、当時の段階では写真印刷が量産されるための技術的安定度が低かったためである。写真よりはるかに安価に量産可能な石版画で、報告書はリアルな災害実景を掲載した。しかし、これらが「写真」と呼ばれていたことは、当時の写真と石版画の関係を考える上で重要な示唆を与えている（増野恵子「日本に於ける石版術受容の諸問題—蜷川式胤『観古図説陶器之部』「付言」をめぐって—」）。

図 22

図 21

図 23

表６ 「震災写真」

	タイトル	台紙(内寸)cm	台紙裏の記録，その他
0	震災写真	15＊10.2(14＊9)	外箱
1	黒森麦畑亀裂之図	8＊12,5(7,4＊11)	
2	船場丁焼跡之図	8＊12,5(7,4＊11)	台紙裏に誤って焼き付けか
3	持地院全潰之真図	8＊12,5(7,4＊11)	持地院
4	飛鳥神社傾斜之真図	8＊12,5(7,4＊11)	台紙裏飾
5	県社日枝神社崩壊之図	8＊12,5(7,4＊11)	台紙裏飾
6	安祥寺全潰之真図	8＊12,5(7,4＊11)	
7	林昌寺全潰之真図	8＊12,5(7,4＊11)	台紙裏飾
8	高野浜噴水家屋	8＊12,5(7,4＊11)	台紙裏飾
9	新井田米庫会社之焼跡	8＊12,5(7,4＊11)	いろは蔵
10	妙法寺避難所	8＊12,5(7,4＊11)	台紙裏飾
11	海向寺崩壊之真図	8＊12,5(7,4＊11)	
12	飛鳥村家屋取片附之図	8＊12,5(7,4＊11)	台紙裏飾
13	大信寺全壊之図	8＊12,5(7,4＊11)	台紙裏飾
14	飛鳥神社矢大臣門崩壊之真図	8＊12,5(7,4＊11)	台紙裏飾
15	下小路坂崩壊之真図並ニ噴水口	8＊12,5(7,4＊11)	台紙裏飾
16	県社日枝神社社内仮小屋之図	8＊12,5(7,4＊11)	台紙裏飾
17	裁判所大破壊之図	8＊12,5(7,4＊11)	酒田裁判処
18	海向寺ヨリ焼失市街望観之真図	8＊12,5(7,4＊11)	台紙裏飾
19	出町家屋之崩壊	8＊12,5(7,4＊11)	
20	柳小路ヨリ焼跡之望観＊	8＊12,5(7,4＊11)	本町四丁目より
21	(酒田尋常高等小学校)	8＊12,5(7,4＊11)	(酒田小学校)本校ハ僅カニ正面ニ層ノ講堂ト体操場ノミ傾斜大破壊ニシテ存在セシモ各教場ニ充ツル二棟ノ建物ハ一大激震ニテ全潰ス、微塵ニ粉砕セシハ無惨ナリ、殊ニ新築中ナル増設ノ教場一棟最早落成ノ式ヲ挙ゲントシル場合ニ臨ミ惜ヒカナ、全潰微塵ノ不幸ニ遇フ、茲ニ至ツテ校舎全ク焼尽ヲ免カレシモ倒壊粉砕一教室ヲ余サズ、嗚呼、普通教育ノ一日モ忽セニ附シベカラザル，今日数千ノ就学生徒ヲシテ学ブベキ校舎ナカラシムルニ至ル不幸又其シ
22	浄福寺全潰之図	8＊12,5(7,4＊11)	
23	(山居倉庫ニテ炊出施與之図)	8＊12,5(7,4＊11)	(山居倉庫内施米) 看ヨ、本図ハ罹災窮民炊出ヲ貰フ之図ナリ、咄嗟之間ニ其家屋ヲ焼失ス、僅カニ生命ノ危機ヲ免カレシ者ト雖、其財産ヲ蕩尽シテ今ヤ衣ナク食ナク又家ナク昨日マテ巨万ノ資財ヲ積シテ栄耀栄華ヲ極メタリシ者モ今ヤ身ニ襤褸ヲ着テ手テ桶ヲ携エ僅カノ粥ヲ乞ヘルノ図ナリ、実ニ憫ムベシ

本間美術館蔵：故和島茂男氏（前商工会議所会頭）旧蔵
＊柳小路は桜小路の誤りか（光丘文庫学芸員の指摘による）
＊Ｃ番号は図67の地図上に示したおよその地点

第三節　メディアの多様化――増幅される災害イメージ

＊写真で捉える地震の惨状

庄内地震を写真に収めたのは、震災予防調査会の科学者ばかりではなかった。ここに掲載する写真は、現在酒田市本間美術館が所蔵する和島茂男氏旧蔵の写真である。これは全部で二三枚、ほとんどすべてが酒田町の地震の惨状を映したものである（表6）。なかに四点ほど、震災予防調査会が撮影した写真群と同じく黒森の麦畑亀裂、日枝神社拝殿の倒壊、傾斜する飛鳥神社、傾斜する酒田尋常高等小学校などを写した写真があるが、樹影、人影などの点で微妙に異なる所が認められ、同一の原板から紙焼されたものではないと思われる。この写真の撮影者は不明であるが、地震調査で撮影された写真とは異なる視点から、酒田町内の震災の惨状と人々の動きが捉えられている（図21、22、23）。写真が貼られた台紙の形状が二種類認められることから、撮影者は酒田町内に縁の深い人物で、かつ酒田町で営業活動をする写真師（飾り台紙使用）、あるいは写真愛好家（無記名の台紙）によるものと考えてよいかもしれない。

いずれにしても、黒森、飛鳥村神社、高野濱などの酒田近隣の三点を含むものの、地震で倒壊した寺院、米倉庫、あるいは当時の酒田が誇る和洋折衷様式の酒田尋常高等小学校、出火後の焼け野

表７　「酒田大震真写図」

no	タイトル	台紙(内寸)cm	備考
1	酒田尋常高等小学校大震潰倒之図	22.4*32(19.3*28.9)	図64(推定原図)
2	酒田大震浄福寺崩壊之図	22.4*32(19.3*28.9)	図65(推定原図)
3	酒田大震出町潰家之図	22.4*32(19.3*28.9)	図62(推定原図)
4	酒田本町大激震烈火中人民狼狽之図	22.4*32(19.3*28.9)	図65(推定原図) 図61(推定原図)、図63(推定原図)
5	酒田大震船場町湯家崩潰烈火焼死之図	22.4*32(19.3*28.9)	聞くも悲きハ船場町縄屋にて久吉と云へる芸妓ハ常に孝心深く貞実にして且美なり、多く人に愛されけるが、去ル二十二日同町湯屋に入浴上りて、戸口に出んとするや、俄然一震に家屋崩壊、哀れや、梁柱に足を圧され声を限りに叫喚、救を呼も助くるハ愚か、悉く悲痛の声のミ、折節同町善治と云へる人、一小児を助け抱き馳せ掛けるを、飛付斗り泣すがり、見るに久吉おるゆへ、何とか助け得させんと、必死に梁木をゆり起さんとせしも、力たらず、応援を求めんとするに、忽ち猛火起り、黒煙の中に包れ無惨と思ふも為術なし、これを助けんとすれハ漸く助け得たる小児我共焼死するに至る、無き命と諦めたしを云う捨て烈火の中を辛じて逃れ出でしが、久吉の全身忽ち火となり、苦悩狂乱して死せしハ、実に悲惨と云ふ
6	酒田船場町旅人宿大震大火遭遇之図	22.4*32(19.3*28.9)	今回大震大火の災害に罹り死傷せし人数多き中に、惨酷なるハ船場待町にて伝三郎と云へる旅人宿ありて、実直の聞へ高く増々盛大なりしが、去る二十二日俄然激震の襲来忽ち家屋崩壊、逃るに暇なく、無惨や、梁柱に圧され在ハ胸を砕き、腕を飛し、満身鮮血に染ミ、苦痛を叫も、猛火ハ一面に移り来りて、家族五人、旅客四人悲命の死を遂げたり、聞さへ無惨の末としかり
	(矢印奥付)	22.4*32(19.3*28.9)	発行元　池埜伝左衛門　山形県酒田大字今町壱番地；印刷所　阿部喜平治　同県酒田大字濱町八番地；定価金弐拾五銭；印刷明治二十八年一月二十二日、発行同年同月三十一日

酒田市立光丘文庫蔵

原と化したかつての中心街など、酒田の居住者にとって馴染みの深い建造物や繁華街であった。さらに、避難小屋にいる被災者を写した二点が加わる。明らかに地震調査の科学者とは異なる眼差しが捉えた情景である。

＊哀話を語る石版画

彩色石版画も発行された（表7）。発行元は酒田町大字今町、印刷所は大字濱町の業者阿部喜平治である。地震からほぼ三ヶ月を経過した一八九五年一月末の発行であるが、両町ともに、図14の「酒田震災一覧」によれば、焼失区域に入る。なお、この「震災一覧」も阿部喜平治が印刷している。阿部は石版印刷所を棲霞堂（霞を喰って生きる）と名乗り、敢えて震災後の現状を自嘲的に表現した。ここには、石版印刷に携わる人々の気風の片鱗を窺わせるものがある。ともかくも、三ヶ月後には、こうした出版を手がけるところまで立ち直ったと考えてよいかもしれない。

ここに描かれる光景は、表7の推定原図欄に摘記したように、六点のうち、四点が写真に基づいて石版画に描かれたものであり、酒田尋常小学校、倒壊、焼失する浄福寺、もっとも繁華な町並みを誇った出町など、繁栄の酒田が喪失したものの大きさを象徴的な建物や場所で描いている。しかし、写真の原画をなぞるだけではなく、そこに震災哀話を付け加えた石版画が製作された。これらがどういう人々に向けられたものであるのかをみるために、語られる哀話である。

たとえば、「酒田大震船場町湯家崩潰烈火焼死之図」（図24）は、表題の通り、船場町で評判の芸

図24「酒田大震船場町湯家崩潰烈火焼死之図」

図 25 「酒田大震災実況図」から抄録

妓が倒れた風呂屋から出ようとした矢先、梁に挟まれ、救いを求めていた。同じ船場町の者がこの芸妓が梁の下での焼死になるのが目に見えていながら、ほかに子供を助け出さねばならず、迫り来る火炎に身を焼かれるのを、みすみす見殺しにせざるを得なかったという、語るも悲しい物語である。写真の構図を元にしながら、そこにドラマチックな物語を配したと推定される。同じように、「酒田船場町旅人宿大震大火遭遇之図」は、同じく船場町の、旅人宿の一家五人と、旅客四人が非命の死を遂げたという、聞くも無惨な話を配した。

これらの図はともに、災害現場に居合わせなかった作者が想像で語る物語のクライマックスの場面再現である。写真で捉えた倒壊、焼失する建物だけでは再現できない、震災の惨状は人間ドラマを配することで、臨場感と、ある種の本当らしさが生まれてくる。恐らくは、災害現場を正確に伝える写真だけでは、買い手に満足を与えないことを承知で、こうした作品が作り出され、買い手も災害とはこうしたことが起きるものだろうと納得するのである。ここでは、事実かどうかが問題ではないのだ。つまり、「事実」を写す写真に基づくことでリアルさには疑いがもたれることはなく、そこで起きた哀話に、より一層の本当らしさが付与される。写真はここでは場面を提供する道具にすぎない。

写真を求める人と、こうした絵図を買い求める人とは社会階層が異なっていたとはいえないまでも、少なくとも、写真を手にする時とこうした絵図を眺める時とでは、人は違った心持をもっただろうということはいえる。科学者が写真に求めるものとは異なる、擬似写真の活用のされ方といえるだろう。

＊絵巻が語る震災の光景

庄内地震を描く生駒大飛作の「酒田大震災実況図」（昭和三八年指定酒田市指定有形文化財、縦二五・五㎝＊横九一五㎝、酒田市立光丘文庫蔵）を考えておきたい。この絵巻は災害メディアとして巷間に流布する性質のものではない。量産されたものではないから、写真あるいは石版画で伝えられる災害イメージの対極にあるものである（図25－1、－2、－3「酒田大震災実況図」から抄録）。

すでに、本絵巻については、別の場所で紹介したことがある（拙稿「庄内地震を描く絵巻『酒田大震災実況図』」『歴史地震』一七号）。その概要をここで再び述べておく。

この絵巻は、震災時、酒田市に滞在していた画家が翌一八九五年三月、眼に残る惨状を描いたと末尾に記されている。

作者の大飛と称する画家については、以下のことが知られている。

生駒大飛（一八五七〜一九二二）、本荘藩士。父武雄は知行高二〇〇石の重臣で、家老職を歴任した。大飛は画工として技量を磨き、詩文を京都において、南画を大阪において学んだ人物（『本荘市史』第二巻）であるという。

絵巻の構成は、巻子状の一図のはじめに墨書で「明治二十七年十月二十二日酒田大地震惨状」と記され、朱書の説明が付いた一一の被災実況図からなる。家屋・樹木などは墨の濃淡、焔は朱の濃淡、炎のなかを逃げ惑う人々や震災後の仮小屋周辺の人々の動きを示す箇所のみに若干の水色を入れるなどの色遣いがなされている。絵巻のなかの説明を「　」で示し、なにが描かれているのか、摘記する。

・「伝馬町実景　二十二日夜写所見」
ここでは酒田町の繁華な街の家屋が焔に包まれ、人々が逃げまどう姿が描かれている。

・「観音小路実景　同夜所見」
港町の繁栄を物語る当時の馬亭、鰻亭、和田八などの料亭の大楼が炎の中に崩れ落ちていく様が描かれている。

・「観音小路鰻亭惨状　二十三日午前写之」
鰻亭の焼け落ちた後に門前に焼けこげた死体が描かれている。

・「以下於船場町　写生」
子供、あるいは妊婦が苦しみながら死んでいったであろう姿を描く焼死体の図、埋葬の用意が整った早桶、菰、筵に置かれた死者など。

・「今町弁天社内仮小屋」
引戸で周りを囲った仮小屋の廻りで煮炊きをしたり、米を運び込んだり、大八車を引くなど、震災後生活を取り戻すためにいち早く立ち働く人々の姿が映される。

・「海光（向　脱ヵ）寺」
・「山王神社」
・「晏（安）祥寺　四日後大潰」
・「祥（浄）福寺」
・名称不記（倒壊家屋の図）

「明治甲午十一月（ママ）二十二日酒田大震家屋大潰危急九死得一生、其惨状有眼、因以製其図、以送堀雅兄、于時乙未春三月　大飛（印）」

本図をはじめてみた時には衝撃を受けた。同じ惨状を描いた、炎に包まれる家屋など、前項の彩色石版画が描く世界とは異なる感触をもっているからである。

江戸時代に描かれた震災絵巻、たとえば島津家文書の「江戸大地震之図」などから受ける印象とも異なる（拙稿「江戸大地震之図」『予防時報』二一一号）。「江戸大地震之図」は、現在ほかに一巻の写本がアイルランドのチェスター・ビーティー美術館で確認されている災害絵巻の名品としてよいだろう。東京大学史料編纂所蔵の一巻は、島津家から京都の近衛家に入嫁した斉彬の養女へ江戸地震の惨状を知らせるために、御用絵師に作らせたものと推定される。災害時の江戸市中の混乱状況に、絵巻の約束事としての起承転結のメリハリを付けたストーリー性のある展開で、地震で起きた未曾有の事態を説得力にあふれた筆致で描いている。絵巻の約束事を逸脱することなく、災害絵巻としての見事な完結性をもつものの、あくまでも眺めるものとしての存在である。

これに対して、大飛が描く黒焦げの焼死体、それも苦しみだけが亡骸に固結したような虚空を掴む手や指、姿態をねじ曲げたままの子供の姿など、墨絵の単純な線描で象られたイメージは、絵画でありながら、「絵空事」を逸脱した迫真性を以って見る者に迫る。実際にはこれまでの震災で少なからずあった光景であろうが、江戸時代の災害絵図ではこうしたリアルな描写はされていない。

これらはなにによってもたらされたものだろう。まず、作者自身が述べるように、一〇月（一一月は誤り）二二日の震災で九死に一生を得たという自らの体験に基づいていること、それを表す技量の高さがこの絵に一層の迫力を与えていることには疑いない。それが前提条件であるにしても、描こうとしているもの、あるいは描くという行為自体が、江戸時代以来の絵師であった大飛自身のなかで、すでに変化していることを見逃すわけにはいかない。

明らかに近代に入って災害を見る眼差し、災害を描く行為そのものが変わったのである。ここでの文脈からいえば、それは、写真が身体レベルにもたらした大きな社会的変化といってもよい。つまり、ファインダーという存在が、ものが見えるということと、ものを見るという行為の違いを人々に自覚化させた。そのことを通して起きた、外的世界のイメージの多様さへの認識構造の転換ではないだろうか。もはや、画家は約束事を踏まえた、一定の流儀に従って描くことと観念してきた外部世界に対して、絵師としての姿勢を放棄できる、あるいはしてもよいのだと考えるようになったのではないか。つまり、絵師の眼差しから解放され、作者自らが対象に対峙して直接迫ることが可能になったのである。大げさに言えば、この大飛という画家における近代精神の獲得といってもよいだろう。一人の絵師の内面を画業からフォローすることはすでに行なわれているが、ここで大飛について、それを検証することはできない。

災害写真が活躍し始めるのは、明治一八年の大阪淀川の洪水あたりからであろうが、磐梯山噴火、濃尾地震と災害写真は日本全体が驚愕した大災害で、災害の情報量は飛躍的増加した。磐梯山噴火では、爆風で倒れた家屋だけでなく、人馬、泥流に流された死体などの写真も残され、これらが幻灯写真として広く活用されている。大飛が当時流布した災害写真を直接目にしたかどうかわからないが、旧時代とは異なる災害情報が流されるなかにいた。そして、日清戦争画もやがて市場を席巻する社会環境のうちにあったことは事実である。写真のリアリズムでもなく、写真石版画のおどろおどろしさでもなく、錦絵の想像画でもなく、まさに大飛の眼に焼き付いて離れなかった状景の生々しい衝撃が絵画として作品化されたということは、少なくともここでいうことができると思う。

＊活字メディア――震災冊子・新聞・官報

災害像は写真や描かれたものだけを通して与えられるわけではない。活字は直接災害イメージを与えるものではないが、想像力をかきたてる力を持っている。文字が喚起するイメージについて、ここで論ずる余裕はないが、活字メディアのなかにも多くの画像が取り込まれ、文字情報と相俟って、さらに災害イメージが増幅されたことは想像に難くない。

庄内地震に関する震災冊子二冊の内容を簡単に紹介しておく。

一．鶴週舎主人述『東西田川・飽海三郡　甲午大地震』記著者鶴週舎主人　印刷発行所山形県西田川郡鶴岡町馬場町甲三番地野沢活版所　明治二七年一二月一〇日発行（二三・六cm×一六・四cm　四〇頁、折込図版二枚・彩色木版震災地図並びに石版画による震災絵）

二．編述者佐藤多治郎『荘内　明治震災録』発行者山形県東田川郡藤島村大字藤島字村前三五番地佐藤多治郎　印刷者山形県東田川郡鶴岡町下肴町四五番地山田保吉　明治二八年二月一五日出版（一九・七×一三・三　四八頁）

以上の二冊の震災冊子は、いずれも活版印刷で折込図版二枚が綴じ込みである。

こうした震災冊子のもっとも早い例は寛文二年（一六六二）近江・若狭地方を襲い、京都市中にも被害を与えた寛文地震のルポルタージュ、浅井了意の仮名草子『かなめ石』に求めることもできるだろう。しかし、江戸時代後半には、たとえば、文政一三年（一八三〇）の京都地震について、小島涛山『地震考』のような地震解説と被害の情景を解説した出版物が地震の度ごとに出版されるようになった。幕末の安政東海・安政南海地震津波（一八五四年一一月）の折には、作者不明、検印のない、いわばかわら版的冊子類が被災地の大阪で多量に発行され、また、翌年の江戸地震（一八五五年一〇月）ではさらに多くの冊子類が発行されている。したがって、近代に入ってはじめて発行されたという類のものではなく、災害時にこうした冊子が出ること自体は近世以来の伝統を引き継ぐものとしてよい。

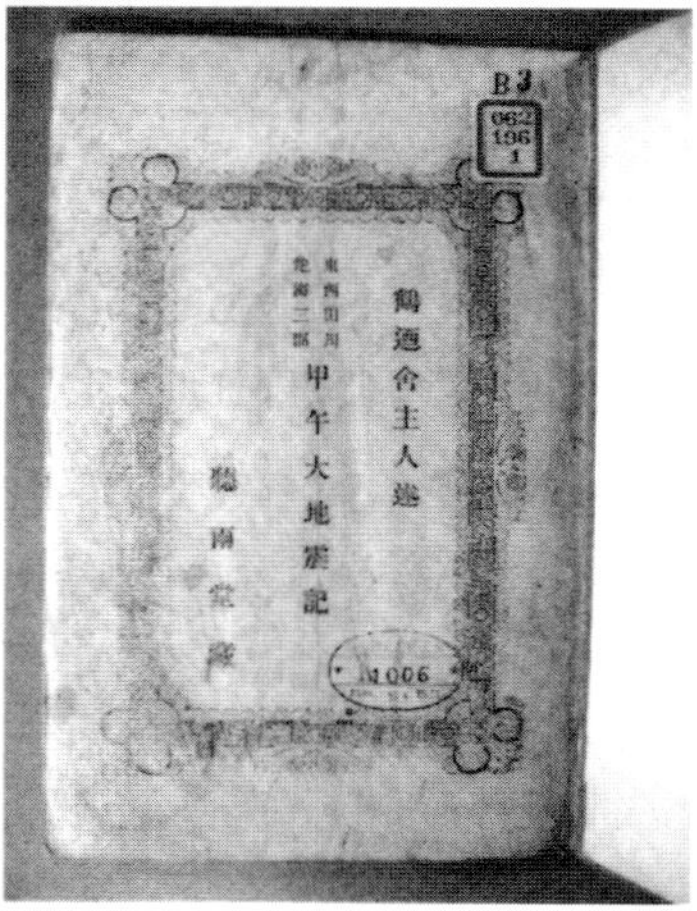

図 26 「甲午大地震記」

しかし、内容は一の『甲午大地震記』（図26）と『明治震災録』では、記述のスタイルが異なる。前者は、「述」とあるように、目次は「見出し」とし、口述スタイルで通して、最後は「おしまい」とする。たとえば、地震の原因については、

地震の原因を申し述べましょう、学者の申しますには地震の原因は中々六ヶ敷が先づ三種に成る一つは火山が噴火したり又は爆裂したりするときに起る火山地震、一つは地中に在る石灰や石膏などか水の為めに融けて大きな穴が開きとうとう地面を押へることが出来なくなってどんと一部が落こちる時に起る陥落地震、一つは種々様々に入り交って居ります地下の磐石が其続き目に於てずっと辷ることある時に起る地辷地震と斯う云ひます、…（鶴酒舎主人述『東西田川・飽海三郡　甲午大地震記』一一頁）

こうした記述が全編を通じてなされている。地震の原因についての解説は、当時、震災予防調査会の学者たちが調査し、報告した内容が反映されている点からして、スタイルは江戸時代以来の伝統的なものであっても、内容は地震に対する当時巷間に流布した学者たちの見解を積極的に取り入れ、紹介しようとしたものとみることができる。

しかし、そうした内容ばかりではなく、「惨況中の惨況」として、「可哀そうなのは袖裏役場の書記高橋某の妻女です」として娘の目の前で焼死した母親の話しや、「無残なのは白崎太物店の主人が逃げ場を失い、米穀倉庫の瓶のなかに娘と逃れて、蒸し焼きになったという当時著名な話などが語られている。

この冊子には、彩色木版震災図のほか、石版画図版も折込図版として登場する。活字とともに印刷する技術がまだ一般には流布していなかったため、石版画については、この時期別刷りしたものが折込図版として登場する。ここでは、いずれも酒田町の惨状を映した写真と同じ「酒田出町」、「柳小路」の二枚と、「黒森役場即袖浦村役場」の三点の石版画である。「酒田出町倒壊の写真図より模写したるものにして…」といった説明が加えられている。写真が迫真性において絶対的な優位を持つと信じられていたなかでは、写真整版技術が不安定な段階で、こうした石版画が、「真図」と銘打って売り出されていた。この点は、この時期メディア全般を考える場合の前提条件である。この石版画三点も、まさしく災害現場の情景なのだというメッセージが言外に籠められている。発売所はいずれも鶴岡市の弘文社、野沢活版所、慶全堂の三箇所である。

これに反して、後者二の『明治震災録』は「販売を目的とするに非すして只知己有志者間に頒布し以て将来の参考に資するにあり」とする。つまり、広範な読者を想定していないのである。したがって、内容も、「実地見聞する処」と「其筋の調査を主として以て正確を期せり」とあるように、地震とは何ぞや、古来出羽の大地震、庄内大震前の情況、大地震当時の情況、大地震後の有様、将来家屋の構造法、三郡の被害統計の各章からなり、ほとんどが官報、震災予防調査会の報告書、新聞記事から引用したものと推定される比較的硬派の記述が中心である。著者自身が序にのべているように、正確を期すことを目的とした震災誌であろう。

上記の二書の語りのスタイルは硬軟対照的ではあるが、それぞれ新規メディアによる描写力の採用あるいは新聞、官報などからもたらされる科学情報を取り入れるなど、時代の変化に対応した工夫が凝らされたものになっている。

＊新聞

当時の新聞を悉皆点検する余裕はなかったが、多く新聞が庄内地震について報道していた。震災予防調査会では、濃尾地震以後、全国の新聞記事のうち、自然現象のイベントを切り抜いてファイルしていた。庄内地震についての切り抜き帳から、対象となった新聞は、『函館新聞』、『岩手広報』、『東奥日報』、『奥羽日日新聞』、『山形日報』、『秋田魁新聞』、『新潟新聞』、『越佐新聞』、『上毛新聞』、『信濃日報』、『山梨日日新聞』、『国会』、『時事新報』、『開花新聞』、『都新聞』、『東京朝日新聞』、

『郵便報知新聞』、『国民新聞』、『毎日新聞』、『自由新聞』、『萬朝報』、『二六新報』、『東京日日新聞』、『日本』、『やまと新聞』、『めざまし新聞』、『読売新聞』、『新朝野新聞』、『大阪朝日新聞』、『大阪毎日新聞』、『中国民報』、『香川新報』（以上三二紙）で、ほぼ全国に亘っていたことは確認できる。このうち、現地に記者を派遣したのは、『東京朝日新聞』と『萬朝報』である。『東京朝日新聞』の場合をみておこう。

『東京朝日新聞』に地震発生の第一報が掲載されるのは、地震発生二日後の一〇月二四日からである。一面トップ電報欄に「山形県下の激震」という見出しであったが、山形発二三日午前一一時三五分であり、「西田川、東田川、飽海の三郡殊に甚しく家屋倒壊せるもの無数、人畜死傷数百名あり各所に火災起り未だ鎮定に至らず…」と概報が伝えられた。同紙一面の五段目には、各地発の電報による概報が掲載された。新庄発二二日午後六時一〇分がもっとも早いが、震災激甚地の酒田からは二三日午前一一時発で、「一部分を残し全市焼尽す…」と報じられている。

二六日の『東京朝日新聞』は、「愛岐両県下に続ける一大激震にして其悲惨名状すべからざる」として、野崎城雄記者を現地派遣したことを二六日の紙面トップで報道した。同日の一面三段目には「鳥海山噴火」の伝聞情報を伝えた。

三〇日一面に、野崎特派員が二八日酒田町に入り、「酒田震災の惨状」第一報として、焼失家屋一二〇八戸、倒壊家屋八四一戸、死亡者一三八名、炊き出し受給者六三〇〇人に及ぶことを電報で伝えた。一一月二日第二報が「両羽の烈震」として報道され、三日第三報、八日第四報、九日第五

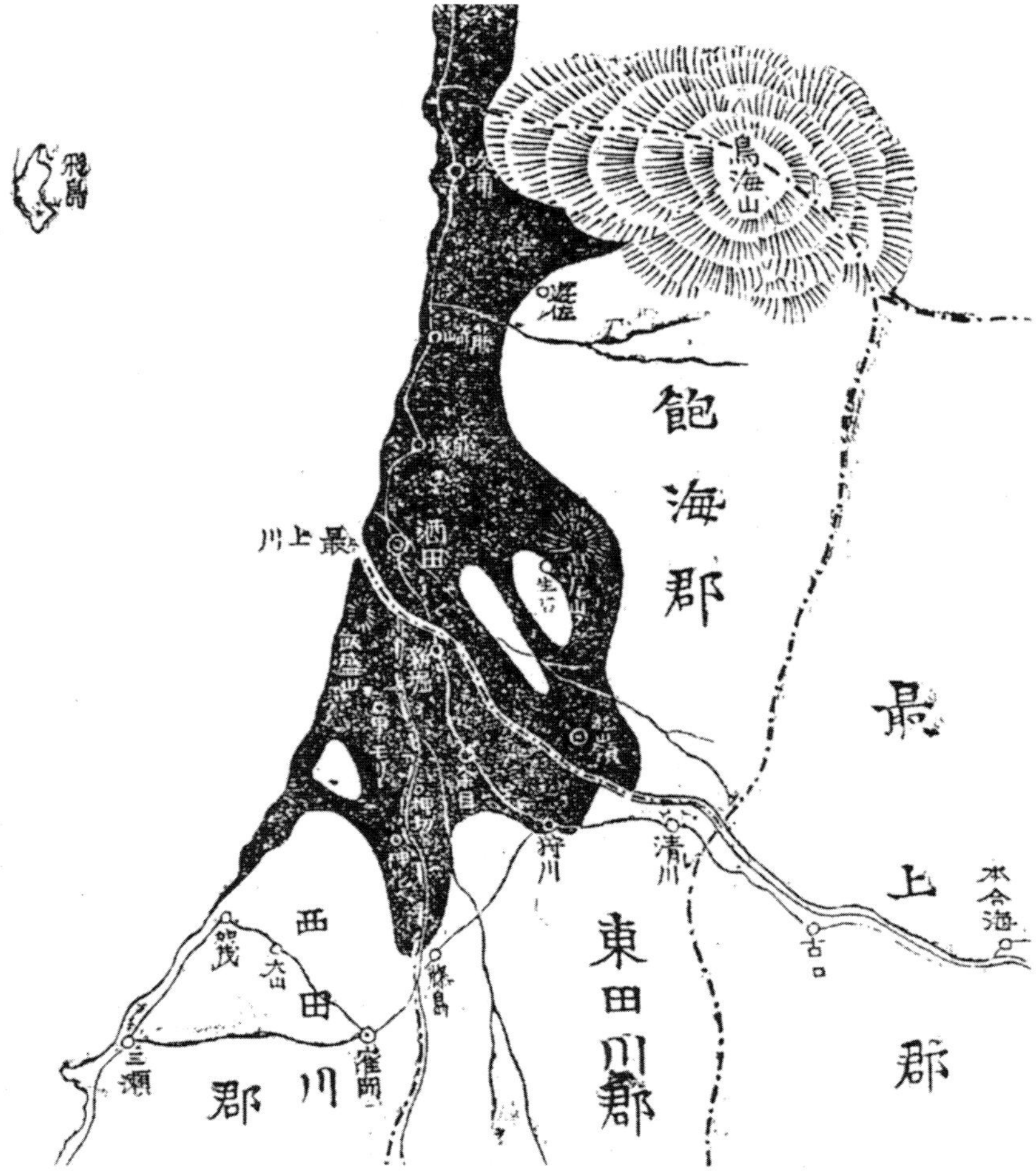

図 27　『東京朝日新聞』明治 27 年 11 月 8 日　2 面掲載被害分布図

報、一三日第六報を以って、特派員報告は終了する。

報告内容は、現地入りして目にした震害の激しさを伝えると同時に、取材活動の実態も報告している。酒田町の翠松亭で、偶然旅宿を共にした帝国大学から派遣された理科大学教授田中館愛橘の許に震災予防調査会から派遣された大森房吉が来訪、二人の学術上の談話を傍聴している。亀裂の方向、泥土の噴出状況などから地震の性質がわかるというが、議論の内容は記者にはわからないから、今後の調査結果を俟つというものであった。その後、田中館の現地調査に同行した（第三報）。黒森激震地に赴た後、県官吏に会い、そこで得られた被害地の分布を地図上に示した（図27）。

一〇月三一日には、酒田市街の激震地巡覧中、震災予防調査会あるいは帝国大学から派遣された小藤文次郎、辰野金吾、曽根達蔵の三人に遭遇、小藤文次郎にこの地震の性質などについて聞き取りをした。小藤の見解は、この地震は、地辷り地震と考えられるが、当時鳥海山噴火の影響かという懸念が大きく、田中館の調査待ちであることなどであった。翌日一一月一日には、山形に行き、鳥海山を調査した田中館の帰りを待ち、鳥海山登山の実況を聞いている。一一月二日は県庁に行き、県官に地震は火山作用ではないとの推定を伝え、米沢→栗戸→福島経由で、帰路に着いた。最後に、「学理上の観察は専門家に任せ、余は唯震災の実況を有りの儘報道せんとする」と、特派員としての立場を表明して特派記事を終了した。

災害現地への特派員派遣はすでに先行の大災害では行なわれているが、当時、特派員記者は、現地の被災状況を伝えるものの、終始、政府筋から派遣された中央官吏、あるいはこの場合では震災予防調査会派遣の学者などに随行し、情報を得るスタイルが一般的であったようである。庄内地震の場合も同様である。この取材源が当時は最新の科学情報をもたらすものであった。

＊官報

庄内地震について官報の第一報は、「観象」欄の地震概況「一昨日二十二日地震ニ付キ山形、秋田ノ二測候所及秋田県由利郡役所、山形県東田川郡ヨリ左ノ報告アリ（中央気象台）」である（『官報』明治二七年一〇月二四日、第三三九八号）。

翌日二五日には「雑事」に山形県発の電報で、震災続報として、被害戸数、死亡者数などが掲載された（『官報』明治二七年一〇月二四日、第三三九八号）。一〇月二九日の「観象」には、地震験測として、「発震時一〇月二二日午後五時三九分、震動時間三六分二〇秒、震動方向南東　北西、最大水平動一二〇㎜（曲尺四寸余）、最大上下動一〇㎜、性質急激」とする地震調査報告が掲載された（『官報』明治二七年一〇月二九日、第三四〇二号）。学者派遣記事について先述した。

総じて、被害の大きかった地震としては、新聞、官報ともに記事量が少ない。新聞の場合は、『東京朝日新聞』に限らないが、この間の一面トップの記事は連日開戦中の日清戦争関係記事で覆われている。社会の関心は戦争一辺倒であったから、災害記事の扱いは極めて小さい。また、官報も、日清戦争関連の外交交渉、戦費増強、戦死者名などに割かれ、「観象」項目にこの地震についての観測記事、地震被害などが報告される程度である。

こうした状況のなかで一地方の災害に対する社会的反応のあり方を示すものとして、『読売新聞』(明治二七年一一月一日、三面)が伝えるところは、興味深い。記事をそのまま引用しておく。

◎山形県知事　皇后陛下の御深意を謝す

山形震災につき負傷者の為め救護員派出の御下問に対し木下山形県知事ハ皇后大夫香川敬三氏に宛て一昨々日左の如く電報したり

救護員御派出の件御厚志深謝す重症者少く大抵手当出来る、時節柄といひ御辞退仕り候

つまり、皇后が総裁である日本赤十字社を通じての救護員派遣について、「時節柄」すなわち、日清戦争開戦時の状況に鑑み、県はこれを辞退したのである。県知事がいうほどに全般的に手当が足りていたわけでないことは、東北民友会による震災救恤の檄文を見れば明らかである。

東北民友会の義捐金募集は、いまだ記憶に新たな濃尾地震時に民間で率先して救助活動が行なわれたことを引き合いに出して、「今日正に兵を清国に構へ全国皆其耳目を軍国の事に傾注して復た他を顧るに遑あらずと雖外事を以て国内の惨禍を度外に措くハ吾人決て我国民の意に非らざるを知る」(明治二七年一一月六日)と檄を飛ばした。戦時であって、国内の惨事に同情している余裕を持たないかもしれないが、それは我国民の本意ではないだろうと訴えたのである。

さらに、在東京の荘内同郷会は、震災救助金募集のため、本郷中央会堂において落語の円朝、薩

摩琵琶、西洋奇術の天斎正一などの演目で、一一月二四日慈善大演芸会を開催した（明治二七年一一月二一日）。ここに出演した三遊亭円朝は、「日清事件の為に世人が一般に冷淡視するハ嘆息の至りなり」として、本郷春木座で、慈善演芸会を催し、春木座主の賛同を得、興行上の一切の費用も義捐すると報じられている（明治二七年一一月二二日）。

地元紙の『荘内新報』は、一〇月三一日逸早く義捐金募集を開始した。しかし、この動きは、全国紙の動きに繋がっていない。同紙の義捐金総高を示す紙面を見出せなかったが、義捐の範囲は地元周辺に限られたと推定される（『荘内新報』参照）。

＊写真以前と写真以後——災害イメージはいかに変化したか

本論の冒頭に、近世末期の頻発した災害について、公私さまざまなレベルの災害記録が残されているのに比べ、近代以降、災害に関する民間での記録が減少するのはなぜかを問うことが本論の目的だと述べた。このことを考えるために、近代以降の災害に際して登場する写真が他のメディアにどのような影響を与えたのかを、庄内地震を具体的事例として考察を進めてきた。これまで、本論での分析を通じて、ここで示すことの出来る論点は以下のようである。

① 写真が科学者の眼差しの代替物としてこの地震では大きな役割を担った。

② これに限らず、写真術の社会的受容は、一握りの科学者だけでなく、すでに写真師の営業活動が成り立つ時代となっていた。

③　したがって、民間においては、科学者の眼差しとは異なる、被災者の惨状を映し出す災害写真も流布した。

④　これらの写真はいまだ鶏卵紙写真が一般的であって、印画紙に焼き付けて大量に出回るまでには至っていない段階であったから、写真の「無言」の世界に、言葉と色を添えた写真絵あるいは写真石版画が写真の代替物として流布した。これは写真でありながら、写真ではなく、錦絵が持つ色と詞書を併せ持つ過度的代物であったために、一種アンビヴァレントな要素が、新旧両様の人々に素直に受け入れられた。

さて、上記の四点を以って、写真が果たして災害記録減少の要因なのかどうかを結論付けるには、いまだ具体事例の研究が少ない。したがって、本論での当初の課題に対して、上記の庄内地震の災害メディアに関するケーススタディだけではいまだ不充分である。そこで、写真絵あるいは写真石版画が登場してくる背景にある錦絵の伝統について、以上の観点から見直してみることにする。本論の目的に沿う問題をこの点から、見通すことで最後のまとめにしておきたい。

写真絵と錦絵

一体、写真絵と錦絵はどこが異なるのか。なぜ、近代の災害メディアでは、錦絵は衰退し、写真が流布するのか。一旦、写真のリアリズムに接した眼には、本当らしさを求める価値観が支配的観念となることは「酒田大震災実況図」などの検討を通じてみてきたが、しかし、それが錦絵を捨て去る理由であるなら、錦絵を成り立たせている世界とはどういうものなのか、考えておく必要がある。

錦絵の世界で、災害はどのように描かれるのかを、『名所江戸百景』を素材に分析した（原信田実・北原糸子「地震の痕跡と『名所江戸百景』の新しい読み方」『年報　人類文化のための非文字資料の体系化』一号）。そこで得られた結論は、以下のようなものであった。

『名所江戸百景』は、安政江戸地震後四〜五ヶ月を経て出版された。この間、地震の衝撃を受けた江戸市中は、地震からの復興を遂げたとはいえない段階であるにもかかわらず、歌川広重はなにひとつ災害の惨状を直接画題としてはいない。広重の住む京橋狩野新道付近は倒壊家屋から発した火で辺り一帯が焼失した。広重の家は幸いに火災から免れたが、恐らく倒壊あるいは破損したと推定されている。こうした点を考えると、いくら板元の注文とはいえ、広重が従来通りの江戸名所を果たして描けるのかという疑問がわたしたちの研究の出発点であった。この疑問を解く鍵は、従来から指摘されている『名所江戸百景』の縦型の紙型に、近景を額縁的に措き、中景を省き、遠景を措くというこのシリーズ特有の構図にあると解釈した。共同研究者原信田実の絵解きの結論は、近景にはいわば、当該名所を示す記号としてのシンボルを配し、中景を略し、遠景に凛とした形か、あるいは微かに判別できる形でか、ともかく復興の江戸の姿を描くというものである。考えてみれば、現状を描かねばならない中景を省略することは、いまだ混乱のうちにある江戸の現状に絵画的省略を施すという配慮であったのだ。したがって、この『名所江戸百景』特有の画格の縦の構図は、安政江戸地震直後の江戸を描くために、広重のなかでは必然の構図として動かないものであったに違いない。こうした作画上の工夫は当時の仲間内の「通」たちには一目でわかるものであったのだろう。

この広重描く江戸名所は、世に知られた場所であるとはいえ、それを記号として示すことは、開かれた世界に通じるものではなく、江戸に親しむ人々のなかの閉じられた世界での通念を前提にしている。

錦絵のこうした「狭さ」を示す事例をもう一つ挙げておこう。安政江戸地震の時に大量に出回った鯰絵の場合である。鯰絵のうちでもこれらは、地震鯰絵と呼ばれ、安政江戸地震の直後に錦絵の通常の届けを経ずに摺られ販売された無届出版を指している。この錦絵が鯰絵と呼ばれる理由は、地震を起こした元凶は地底に生息する鯰だとして、地震鯰を責める民衆や、余震を収めてもらうために鹿島明神を拝む人々など、鯰が主役として登場するからである。やがて、震災景気をもたらしたとして、鯰が祈り上げられる構図も登場する。これらは江戸地震の復興を願って描かれた願掛け絵のような要素を持ち、災害の惨状そのものが直接描かれてはいるものではない。しかも、現在二〇〇点以上残されている鯰絵を分析した結果によれば、次々と江戸の年中行事を取り入れ、新しい構図で鯰絵の量産が行なわれた（富沢達三『錦絵の力』）。したがって、江戸に住む、あるいは江戸に親しむ人々の間にのみ通用する記号が刻み込まれた判じ絵の一種で、刻み込まれた記号がいかなる場でも直ぐにそれとわかるというものではなかったはずである。また、そこにこそ、絵解きの楽しみを共有する世界も存在した。

したがって、写真との相違点は明らかである。対比的に捉えれば、写真のリアリズムは普遍性を代表し、錦絵の記号的世界は閉じられたコミュニティーを示唆するのである。

さて、写真論の多くは、絵画との関係性において、その芸術性の評価を問い、あるいは写真芸術固有の領域を論ずるものが多い。写真がわが国に導入される過程を論ずる場合には、写真の「迫真性」が絵師の心を捉え、写真師に転ずる者たちが絵画の分野から輩出したことが指摘されている（青木茂「解説（一）」、酒井忠康「解説（二）」　青木茂・酒井忠康編『日本近代思想大系　美術』）。だが、災害写真は、いわば芸術写真とは異なる役割を担う。本論の対象とする時期においては、その期至らず、災害写真がその報道性を武器として新しい分野を拓くには至っていない。技術的不安定さが残り、写真がその速報的な力を発揮するまでには至っていなかったからである。したがって、この段階では、むしろ、人間の眼差しでは捉えることのできない全体像や細部を、目的に適う正確さで再現する映像力が第一義的に求められた。これは、限られた目的を持つ学者などにのみ有効な存在であった。しかしながら、こうした写真は、写された対象も、その効用も一般の人々が望む対象と同じではないから、災害の衝撃を受け留める人々の姿を対象とする写真画が民間に流布する。また、同じく写真師が多く手掛けたのは、今日のカラー写真のようにみえはするが、手描きで色付けされた乾板スライドである。これは、幻灯写真としても大衆に人気を博した。さらに、写真のリアリズムに託して、錦絵の要素を文字通り上塗りした「写真絵」という写真と錦絵の両様の価値を併せ持つ過渡的メディアが登場し、多くの人が抵抗なく、受容する災害メディアとして巷間に流布した。安価、簡便な印刷技術で、鶏卵紙写真とは違い、大量印刷が可能なメディアであったことによる。その具体的な形は、すでに前章でみてきた通りである。

まとめに換えて——マスメディアの圧力

さて、大量印刷を経営的に可能にする条件は、販売網の成立である。すでに、みてきたように、新聞、官報などによる報道は全国を席巻した。災害情報は庄内地震の場合でも電報によって、二日後には、全国ニュースとなることができた。マスメディアによる情報の拡大は、江戸時代の比ではない。庄内地震の場合は、日清戦争開戦時という国家問題に押され、災害の情報量は著しく低下しているから、この事例をもってマスメディアによる災害報道の迅速性、伝播力などを論ずることはできないとしても、震災の被害統計、地震の原因に関する科学者の見解、写真あるいは、写真石版画による災害の「実像」の流布は、これらのマスメディアを通じて、広範な人々の手元に届くものとなった。

人はこれらある種の本当らしさを持つ情報に接して、自らの見聞や判断を他者に伝えることの必要性を感じなくなったのではないだろうか。いわば、押し寄せる「正確」な情報に自らも身を委ね、そこに大いなる差異を見出さない限り、自ら労して他者への情報発信をする必要を感じなくなる。マスメディアの登場が圧力となって災害記録が書かれなくなる要因とは以上のような連鎖の結果ではないか。

では、人はなにも災害記録を残さなくなるのかといえば、そうではない。酒田大火の絵巻をものした大飛にみるように、自ら体験を語らねばならないと感じた人々にとっては、抜き差しならないものとしての記録は残されるのである。しかしながら、江戸時代に残された大半の災害記録は、かわら版でさえも筆写の対象となり、総じて内容も類型的なものに終始する。筆写の連鎖がもたらした結果である。もちろん、このことは、当時の人々が類型的情報を好んだということではない。近代情報網の未成立の時代の情報収集、獲得には多くの創意工夫があって可能になったことには違いない。そして、自らの災害体験を子孫に伝えようと努力した災害の記録も数多く残されている。

災害に限らないが、珍事情報を求める人々の欲求はいつの時代を通じても根強い。もちろん、その欲求は、近代に入って、マスメディアによる圧力によって消滅させられるわけではない。しかし、マスメディアの登場によってもたらされる画一的情報は、自らが記すことの必要を感じさせなくなる、あるいはマスメディアによって代替され得ると感じ、人々は記録を残さなくなるということはいえるだろう。したがって、災害記録が近代以降減少するということの内実は、恐らく、人々に、自らが媒体となって、転写の労力を注がなくてもよいと感じさせたのでないだろうか。近代マスメディアは、その圧倒的な力で、人々にそうした影響を残したのである。しかし、また、長い眼でみれば、そのことは筆写の省力化というだけに終わらない、地域社会と対峙する自己を考える場の喪失という別の結果を生んだはずである。

第二部　参考文献

大阪府『洪水志』大阪府、一八八七年
Sekiya & Kikuchi "The Eruption of Bandai-san"（The Journal of the College of Science, Imp. Univ. Japan 3, 1889）
淀川工事事務所『明治十八年淀川の大洪水』一九三四年
田中雅夫『写真一三〇年史』ダヴィッド社、一九七〇年初版、二〇〇〇年二一版
東京国立文化財研究所美術部編『明治美術基礎資料集』内国勧業博覧会・内国絵画共進会（第一回、二回）編　一九七五年
小沢健志「『撮影術』上野彦馬」復刻版『舎密局必携』解説編、産業能率短期大学出版部、一九七六年
ジゼル・フロイント『写真と社会―メディアのポリティーク』御茶の水書房、一九八六年
山口才一郎「下岡蓮杖の写真事歴」青木茂・酒井忠康編『日本近代思想大系　美術』岩波書店、一九八九年
千世まゆ子『百年前の報道カメラマン』講談社、一九八九年
亀井至一「横山松三郎の履歴」青木茂・酒井忠康編『日本近代思想大系　美術』岩波書店、一九八九年
展示図録『幕末・明治の東京―横山松三郎を中心に―』東京都写真美術館、一九九一年
服部　敬『近代地方政治と水利土木』思文閣出版、一九九五年

北原糸子・上田和枝・河田恵昭「地震研究所蔵の濃尾地震と明治三陸津波の『新聞切抜』帳について」東京大学地震研究所『広報』一六号　一九九七年
増野恵子「日本に於ける石版術受容の諸問題―蜷川式胤『観古図説　陶器之部』「付言」をめぐって―」青木茂監修・町田市立国際版画美術館編輯『近代日本版画の諸相』　一九九八年
北原糸子『磐梯山噴火―災異から災害の科学へ』吉川弘文館、一九九八年
日本の写真家二『田中研造と明治の写真家たち』岩波書店、一九九九年
北原糸子「災害絵図研究試論―一八世紀後半から一九世紀の日本における災害事例を中心に―」『国立歴史民俗博物館研究報告』八一集、一九九九年
上林好之『日本の川を蘇らせた技師デ・レーケ』草思社、二〇〇〇年
佐藤卓巳『キングの時代―国民大衆時代の公共性』岩波書店、二〇〇二年
村松郁栄・松田時彦・岡田篤正『濃尾地震と根尾谷断層帯』古今書院、二〇〇二年
大迫正弘・佐藤公・細馬宏通「磐梯山噴火の幻燈写真」*Bulletin of National Science Museum. Series E, Physical science & engineering, 26*　二〇〇三年
小沢健志編『写真で見る関東大震災』ちくま文庫、二〇〇三年
大迫正弘・金子隆一「一八九四年の東京地震の写真資料」*Bulletin of National Science Museum. Series E, Physical science & engineering, 27*　二〇〇四年
遠藤正治他「濃尾震災の写真―日下部金兵衛のアルバムを中心に―」『日本写真芸術学会誌』一三巻二

号、二〇〇四年
斉藤多喜男『幕末明治　横浜写真物語』吉川弘文館、二〇〇四年
土木学会編『古市公威とその時代』社団法人土木学会、二〇〇四年
増野恵子「明治中期の災害画像を考える―メディア史の視点から―」神奈川大学二一世紀プログラム研究推進機構『年報人類文化研究のための非文字資料の体系化』第二号、二〇〇四年
増野恵子「Eruption of Bandai-san ―図版に関するノート」中央防災会議災害教訓の継承に関する専門調査会報告書『一八八八　磐梯山噴火』二〇〇五年
飯沢耕太郎『増補都市の視線―日本の写真一九二〇―三〇年代』平凡社　二〇〇五年
金子隆一「一八八〇年代における日本の写真状況と磐梯山噴火写真」中央防災会議災害教訓の継承に関する専門調査会報告書『一八八八　磐梯山噴火』二〇〇五年

あとがき

本書は、神奈川大学21世紀ＣＯＥプログラム研究推進会議における「人類文化研究のための非文字資料の体系化」に関する研究プロジェクトに参加し、二〇〇三年以来取り組んできた災害写真の問題について考察した以下の論文二編を再編して、神奈川大学ブックレットのシリーズの一冊に加えたものである。

一、「災害と写真メディア―一八九四年庄内地震のケーススタディ―」神奈川大学21世紀ＣＯＥプログラム調査研究資料1、『環境と景観の資料化と体系化にむけて』二〇〇四年一二月

一、「メディアとしての災害写真―明治中期の災害を中心に」第1回国際シンポジウム　プレシンポジウム『版画と写真―十九世紀後半　出来事とイメージの創出』報告1、二〇〇六年三月

したがって、新しい考察を披露するものではないが、東日本大震災が起きて、現場から報じられる映像の持つ迫力に衝撃を受け、現在のように個人が動画を手軽にものすることができない時代であっても、災害によって繰り広げられる惨状をその時代が許す限りの新しい機器と技術で手元に留めておこうとする時代の衝動があったことを伝えておきたいと考え、この二篇の論文で本書を構成することにした。

神奈川大学21世紀COEプログラム研究推進の母体は現在、同大学非文字資料研究センターとして活動を継続しているが、わたし自身はここを離れて、立命館大学歴史都市防災研究センターにおいて災害史の研究を続けている。神奈川大学非文字資料研究センター時代に手掛け、HPで公開している関東大震災の写真データベースなどは、今回の東日本大震災の発生当初は関東大震災以来の大災害として、アクセスする件数も多かったと聞いている。

災害の研究には、絵や写真は欠かせない。いくら発生した事態を事細かに伝えようとしても文字で書いただけでは言い表せない状況が一枚の絵や写真で一瞬にして伝えられることもある。その意味で、非文字資料研究センターで災害絵図や写真、それに付随する関連資料を自由に探究させていただいたことは、災害史研究を推し進める上で大きな励みとなった。五年間という長いようで短かった研究期間を思う存分楽しんで過ごさせていただいた。当時研究リーダーを務められた福田アジオ氏、研究推進委員の諸兄姉、事務局のみなさんに深く感謝している。

二〇一二年三月

著者記す

著者紹介

北原糸子（きたはら　いとこ）

1939年山梨県生まれ、津田塾大学卒業、東京教育大学大学院文学研究科（日本史専攻）修士課程修了。

災害史の領域を中心に研究を進め、以下の著作を出版してきた。

『安政大地震と民衆』（三一書房、1983年；後に『地震の社会史』として講談社学術文庫に収録）、『都市と貧困の社会史』（吉川弘文館、1995年）、『磐梯山噴火―災異から災害の科学へ』（吉川弘文館、1998年）、『江戸城外堀物語』（ちくま新書、1999年）、編著『日本災害史』（吉川弘文館、2006年）、編著『写真集　関東大震災』（吉川弘文館、2010年）、『関東大震災の社会史』（朝日新聞社、2011年）など。

神奈川大学歴史民俗資料学教授を経て、現在、立命館大学歴史都市防災研究センター教授。

装画：生駒大飛「酒田大震災実況図」（酒田市光丘文庫蔵）
「ミルン・バートン写真帖」（The Great Earthquake of Japan 1891）

神奈川大学21世紀COE研究成果叢書
神奈川大学評論ブックレット　33

メディア環境《かんきょう》の近代化《きんだいか》――災害写真《さいがいしゃしん》を中心《ちゅうしん》に――

2012年3月31日　第1版第1刷発行

編　者――神奈川大学評論編集専門委員会

著　者――北原糸子

発行者――橋本盛作

発行所――株式会社御茶の水書房
〒113-0033　東京都文京区本郷5-30-20
電話　03-5684-0751

装　幀――松岡夏樹

印刷・製本――東港出版印刷株式会社

Printed in Japan
ISBN 978-4-275-00977-7　C1036

神奈川大学評論ブックレット

定価　1～19 21 22 24 25 28 30 32は（本体800円）、20 26 27 29 31は（本体1000円）、23は（本体1300円）

1　網野善彦　**女性の社会的地位再考**

2　宮田 登　**都市とフォークロア**

3　石井美樹子　**挑まれる王冠**　イギリス王室と女性君主

4　復本一郎　**俳句から見た俳諧**　子規にとって芭蕉とは何か

5　アラン・コルバン【聞き手】的場昭弘・橘川俊忠【訳】渡辺響子　**感性の歴史学**　社会史の方法と未来

6　高橋 進　**ヨーロッパ新潮流**　二一世紀をめざす中道左派政権

7　西 和夫　**海を渡った大工道具**

8　秋山勇造　**日本学者フレデリック・V・ディキンズ**　日蘭交流400年

9　小馬 徹　**贈り物と交換の文化人類学**　人間はどこから来てどこへ行くのか

10　森崎和江　**いのちへの手紙**

11　永野善子　**歴史と英雄**　フィリピン革命百年とポストコロニアル

12　福田アジオ　**民俗学者　柳田国男**

13　寺本俊彦　**地球の海と気候**　人類は生き残れるか

14　桜井邦朋　**生命はどこからきたか**　宇宙物理学からの視点

15　伊坂青司　**市民のための生命倫理**　生命操作の現在

16　安里英子　**ハベル［蝶］の詩《うた》**　沖縄のたましい

17　後藤政子　**キューバは今**

18　小林道夫　**ITと教育**　情報教育の実践と提案

19　羽場久浘子　**グローバリゼーションと欧州拡大**　ナショナリズム・地域の成長か

20　ジャック・コマイユ【訳】丸山茂・高村学人　**家族の政治社会学**　ヨーロッパの個人化と社会

21　福田アジオ【編著】　**日本の民俗学者**　人と学問

22　萩原金美　**裁判とは何か**　市民のための裁判法講話

23　奥田宏子　**チョーサー 中世イタリアへの旅**

24　鈴木陽一【編著】　**金庸は語る**　中国武侠小説の魅力

25　中山千夏　**『古事記』に聞く女系の木霊**

26　小熊英二　**清水幾太郎**　ある戦後知識人の軌跡

27　内海 孝　**横浜開港と境域文化**

28　塚原 史　**ボードリヤール再入門**　消費社会論から悪の知性へ

29　加藤尚武　**入門 環境倫理学**　持続可能性の設計

30　菊池勇夫　**菅江真澄が見たアイヌ文化**

31　福田アジオ　**名所図会を手にして東海道**

32　中村政則　**オーラルヒストリーの可能性**　東京ゴミ戦争と美濃部都政

御茶の水書房　〒113-0033　東京都文京区本郷5-30-20　電話 03(5684)0751